I0044774

ECONOMÍA Y SOCIEDAD

JOSU IMANOL DELGADO Y UGARTE

JOSÉ ANTONIO PUGLISI

www.economiaysociedad.guiaburros.es

EDITATUM

© EDITATUM
© JOSU IMANOL DELGADO Y UGARTE
© JOSÉ ANTONIO PUGLISI

Queda prohibida, salvo excepción prevista en la ley, cualquier forma de reproducción, distribución, comunicación pública y transformación de esta obra sin contar con la autorización de los titulares de propiedad intelectual. La infracción de los derechos mencionados puede ser constitutiva de delito contra la propiedad intelectual (art. 270 y siguientes del Código Penal). El Centro Español de Derechos Reprográficos (CEDRO) vela por el respeto de los citados derechos.

En la redacción del presente libro mencionamos logotipos, nombres comerciales y marcas de ciertas empresas u organizaciones, cuyos derechos pertenecen a sus respectivos dueños. Este uso se hace en virtud del Artículo 37 de la actual Ley 17/2001, de 7 de diciembre, de Marcas, sin que esta utilización suponga relación alguna del presente libro con las mencionadas marcas ni con sus legítimos propietarios. En ningún caso estas menciones deben ser consideradas como recomendación, distribución o patrocinio de los productos y/o servicios o, en general, contenidos titularidad de terceros.

Diseño de cubierta: © María José Ocón Ortigosa (EDITATUM)
Maquetación de interior: © EDITATUM

Primera edición: Noviembre 2019

ISBN: 978-84-18121-04-3
Depósito legal: M-36961-2019

Si después de leer este libro, lo ha considerado como útil e interesante, le agradeceríamos que hiciera sobre él una **reseña honesta en Amazon** y nos enviara un e-mail a **opiniones@guiaburros.es** para poder, desde la editorial, enviarle **como regalo otro libro de nuestra colección.**

guíaburros

A mis padres, por todo el amor, enseñanzas y apoyo que me dieron durante el tiempo que estuvieron a mi lado. A mi esposa, Imanol y Matxalen. Además, la hago extensiva también a todas aquellas personas que me han brindado su ayuda a lo largo de mi vida.
Semper gratias ago.

Josu Imanol Delgado y Ugarte

A mi madre, por ser el espacio donde encontrar la paz en los momentos de tormenta. A mi padre, por contar con la palabra precisa en el momento idóneo. A mis hermanas y la pequeña 'torbellino' que danza constantemente en mi mente. A las equivocaciones, por llevarme hasta el camino correcto y a una pingüino que cada día me sigue demostrando que es lo mejor del Ártico.

José Antonio Puglisi

Sobre los autores

Josu Imanol Delgado y Ugarte es economista y doctor en Administración de Empresas y Finanzas. Máster en *Business Administration* y Máster en Finanzas. Medalla de Oro Europea al Mérito en el Trabajo y Estrella de Oro a la Excelencia Profesional, ha ampliado su formación en universidades americanas de primer nivel en áreas de Finanzas y Estrategia Empresarial. En el año 2011 realizó una descripción del modo de salir de la crisis económica que padecía España. En el año 2014 señaló que, a causa de la desigualdad y el maquinismo, el crecimiento económico se vería negativamente afectado; en enero del año 2016, en el Foro Económico Mundial de Davos, señalaron estas causas como peligros para la economía mundial. Es autor de otros diecinueve libros más sobre Finanzas, Economía y Administración de Empresas. Ha publicado más de cien artículos de opinión en la más prestigiosa prensa especializada y general. En el año 2016 fue candidato al premio de investigación social realizada de la Fundación para el fomento de Estudios Sociales y de Sociología Aplicada (FOESSA). También en el año 2017, fue candidato al Premio Rey Jaime I de Economía. Actualmente es Consultor Económico de inversiones, estrategia, reingeniería y cultura empresarial. Premio al Mérito Económico otorgado por la academia internacional de ciencias tecnología educación y humanidades.

José Antonio Puglisi, nacido en Venezuela, es un periodista formado en la Universidad Católica Andrés Bello (UCAB). A lo largo de su trayectoria profesional se especializó en el periodismo económico y financiero, lo que le ha llevado a trabajar con medios de comunicación especializados en varios países del mundo. Con un Máster en Periodismos por la CEU Universidad San Pablo y El Mundo, así como un diplomado superior en Periodismo y Derechos Humanos, ha dedicado sus esfuerzos al periodismo de investigación. Ha sido galardonado con el premio *Yo Soy Venezolano*, mención Comunicador del Año 2013; y con el Premio Municipal de Periodismo José "Chepino" Gerbasi, mención Reportaje.

A lo largo de su trayectoria profesional, ha trabajado en reconocidos medios de comunicación económicos, como son *Expansión, Wall Street International, IberoEconomía, Revista Dinero* y *Diario El Emprendedor*. Asimismo, ha sido el corresponsal en Madrid de los diarios venezolanos *Informe21* y *Diario de Caracas*.

También ha sido una de las firmas del libro de crónicas '*Desvelos y Devociones, el pulso y alma de la crónica en Venezuela 2008-2009*', publicado por la Fundación Bigott; y del microrrelato 'Una vida entre titulares', en el libro 'Periodismo en España, relatos para periodistas venezolanos', publicado por Venezuelan Press en 2016.

Índice

Introducción

En cualquier economía de cualquier sociedad se debe tener conciencia de que el medioambiente en el cual vivi-
mos, no cabe la menor duda que puede llegar a afectar
también a la salud de las personas y demás seres vivos
que se encuentran en él y que evidentemente, de manera indefectible, interactúan con absolutamente todos sus
integrantes ocasionando por ello una mediatización de la
sociedad y de la economía. Es un hecho irrefutable que
hasta hace unas pocas décadas, lamentablemente, no se
ha llegado a tener una cierta conciencia de lo que en realidad puede llegar a ocasionar encontarse en un entorno
que sea malo, con respecto al medioambiente. Hoy en día
tras los estudios que se han venido realizando por parte
de investigadores de toda área, se ha podido evidenciar y
hasta comprobar, los efectos nocivos de ello para la salud
de todos los que habitamos en la actualidad nuestra tierra
e incluso para los pobladores que en un futuro lo ha-
rán. Además se debe tener muy en cuenta que es evidente que el medioambiente, también va a mediatizar gran
parte de las posibilidades económicas de los países; pues
indudablemente, los recursos naturales, pueden llegar a
representar una parte importante de lo que representa
el crecimiento económico, ofrecido por el producto interior bruto. Y por supuesto también, en lo que finalmente puede llegar a ser el marco de cualquier desarrollo
económico de una sociedad. Porque indefectiblemente,
si una región geográfica de un medioambiente malo, esto

hará que muchas posibilidades de realización de hechos económicos, tengan sus limitaciones e incluso no puedan llevarse a cabo, ocasionando por ello, un detrimento en la economía de esas sociedades que puede llegar a ser muy importante. Tan solo hay que pensar como ejemplo en una degradación importante mediambiental de cualquier caladero de pesca que redunde en la imposibilidad de poder obtener unos ingresos económicos, como consecuencia de ella. Además, resulta del todo evidente, dado que ha sido demostrado con amplitud, que la salud resulta ser, indefectiblemente, un pilar importantísimo para poder lograr el desarrollo económico adecuado, en cualquier sociedad e incluso, indudablemente, para poder obtener un mayor crecimiento económico. Es fácilmente comprensible que una población con una mala salud, hablando desde un marco puramente económico, irrefutablemente será menos productiva. Consiguientemente, la salud y el medioambiente son en realidad unas áreas ligadas muy estrechamente de manera directa a la economía, y que deben ser tenidas muy en cuenta por cualquier sociedad que quiera llegar a pensar un mínimo en su entorno económico, tanto presente, como futuro y es por lo que estoy convencido que este libro le va a ser de gran ayuda para poder comprender mejor todo esto y de esta manera tener unos mejores elementos de juício para establecer un criterio sólido sobre ello.

Josu Imanol Delgado y Ugarte

El poder (las transnacionales) *vs* la virtud social conveniente (las ONG)

Las transnacionales son las que realmente detentan el poder económico en la práctica. Frente a ese poder existe una parte de la economía que se ocupa de los asuntos que dicho poder parece que ha vaciado, en una suerte de virtud social que resulta ser muy conveniente, y que se encuentra sostenida en gran parte por las organizaciones no gubernamentales.

Las multinacionales no son, como se suele pensar, una tendencia moderna. Al contrario: la primera en romper las barreras de las fronteras fue la Compañía de Moscovia. La firma, fundada en Londres en el año 1555, tuvo el monopolio del comercio entre Inglaterra y el Gran Ducado de Moscú (llamado Moscovia) hasta el año 1698. A partir de ese año tuvo que comenzar a lidiar con la competencia, pero no fue hasta la Revolución rusa de 1917 cuando cambió el futuro de la multinacional, quedando simplemente como una organización benéfica que aún existe.

Aunque las multinacionales no lograron un gran apogeo inicial, sí fueron presentándose casos que marcaron la ruta para los años posteriores. Por ejemplo, las compañías de las Indias ya no solo se limitaban a operar entre dos países, sino que ampliaron sus mercados para estar simultáneamente en Gran Bretaña, Suecia, Dinamarca y Holanda, durante el siglo XVII. Poco después, la familia Rothschild internacionalizó su negocio relacionado con la banca e instituciones financieras, lo que le ha permitido ser uno de los más influyentes linajes de banqueros y financieros del mundo a partir del siglo XIX.

Ahora bien, el modelo actual de transnacionales queda consolidado con la corriente que nace en el mismo siglo XIX. Durante esta época, los empresarios deciden comenzar a construir fábricas fuera de sus países de origen. El objetivo era reducir costes vinculados al transporte, acceder a mano de obra más económica (en algunos casos) y esquivar los aranceles que se imponían cada vez que sus productos llegaban a un nuevo mercado. De ahí que, con la reducción de los costes, fueran bienes más asequibles y, por ende, mucho más competitivos.

Con el paso de los años, las transnacionales siguieron evolucionando para adaptarse a las necesidades de los mercados, así como para sacar la máxima rentabilidad del proceso de internacionalización. Al proceso ayudó que muchos países abrieran las puertas de sus mercados, ya que comprendían que las nuevas multinacionales ayudarían en el proceso de generación de empleo y de riqueza. También eran un estímulo para impulsar los niveles de competencia dentro de los sectores productivos, lo cual repercutiría en la búsqueda de la eficiencia, de la innovación y en la investigación.

En este sentido, los aprendizajes, modelos organizativos y sistemas productivos de las multinacionales servían de inspiración para las compañías, que estaban limitadas a los conocimientos y técnicas del mercado local.

Al aplicar estas tecnologías y conocimientos, se produce una transferencia de estos a los países en los cuales hacen presencia tales empresas. En un mundo que cada vez más tiende hacia la globalización e internacionalización de los mercados, resulta de interés determinar lo siguiente:

¿Es posible imaginar una economía sostenible que esté cerrada a la generación o recepción de multinacionales?

En estos momentos es imposible poder hacer, en la práctica, que cualquier economía del mundo se encuentre sin la presencia de las multinacionales. La aldea global provoca que esto sea así. Se debe considerar que en nuestro mundo resultan del todo necesarios una serie de bienes y servicios que son ofertados por esas multinacionales.

La evolución registrada por las transnacionales ha generado que surjan clasificaciones en donde se explican las características específicas de sus funcionamientos y sus objetivos. Al pensar en una gran multinacional muchos pensarán en McDonald's, la famosa cadena de restaurantes de comida rápida que solo sería uno de los máximos exponentes de las "corporaciones integradas horizontalmente", es decir, aquellas que tienen distintas bases de producción en distintos países, pero en donde se ofrece el mismo producto (o uno muy parecido).

En este sentido, se mantiene un modelo muy común en el sector de las franquicias. De ahí que también pertenezcan al mismo grupo de multinacionales Subway, KFC, Burger King, Hertz, Carrefour, Dunkin' Donuts, Taco Bell, Dominos Pizza, InterContinental Hotels Group, entre otras.

Aunque se pueda pensar que es el mismo sistema empleado por Adidas, Nutella, Nike, General Motors u otras firmas similares, la realidad es que estas transnacionales están en el grupo de las "corporaciones integradas verticalmente". Este modelo se caracteriza por focalizar su producción en uno o varios países determinados, siendo los encargados de abastecer a las ventas del resto de países en los que están presentes.

Ahora bien, hay empresas que producen en todos los países en los que están presentes y, para adaptarse al mercado, varían los bienes y servicios que ofrecen. A este sistema se le ha denominado "corporaciones diversificadas", y están ganando rápidamente peso en las nuevas estructuras de las economías globalizadas. Los ejemplos más reconocidos por los usuarios serán Samsung (que empezó como una exportadora de pescado, fruta y verdura en Asia) y Apple (con la presentación de diversas soluciones tecnológicas que van mucho más allá de su mercado tradicional).

Para el experto en globalización e internacionalización de empresas, Howard Perlmutter, las multinacionales se pueden clasificar en: "etnocéntricas" (con una fuerte centralización en el país de origen de la empresa y una estructura exterior bastante sencilla), "policéntricas" (que busca descentralizar, transfiriendo un mayor grado de libertad a las filiales) y "geocéntricas" (donde la descentralización se lleva al máximo y las decisiones son tomadas por cada filial).

A pesar de las terminologías, parece haber tres grupos bastantes definidos sobre los tipos de multinacionales que existen en la actualidad. Ante los resultados que han venido registrado durante las últimas décadas, cabe preguntarse:

¿Cuál de los tres modelos cuenta con los mejores resultados y capacidad de adaptación a los nuevos mercados?

Según esa clasificación que se señala en el preámbulo, para poder elegir cualquiera de ellas habrá que analizar el sien o Servicio, dentro de la demanda de esa región y los competidores existentes, así como los proveedores a los que se puede acceder. Por tanto, definir una opción que sea la mejor resulta ser algo imposible, y no sería en modo alguno acertado, sin antes haber realizado dicho estudio, para poder determinarlo, adecuadamente.

¿Se podría prever que uno de ellos se imponga a los otros dos modelos o, por el contrario, todos podrán convivir en la economía del futuro?

Ateniéndonos a la argumentación de la respuesta precedente, estoy absolutamente convencido de que todos los modelos señalados pueden ser viables perfectamente, según lo que en realidad en la práctica sea lo más oportuno para cada empresa, en cada momento, derivado del análisis pertinente de los factores señalados en mi anterior respuesta.

Las multinacionales tienen tradicionalmente un estigma social. Es común que sean vistas como organizaciones que buscan explotar los recursos y la mano de obra en los países en donde se encuentran, al mismo tiempo que perjudican al comercio local e interponen los intereses extranjeros en la economía nacional. No obstante, pasan por alto algunas de las ventajas que conlleva la presencia de multinacionales en el mercado, siendo una de las más evidentes la generación del empleo.

Un estudio elaborado por Marca España y la Universidad Camilo José Cela revelaba que, en 2013, las filiales de empresas extranjeras en España crearon alrededor de 1,27 millones de empleos directos y 1,4 millones de empleos indirectos, lo que equivale a un total de 2,7 millones de puestos de trabajo. La investigación reveló que las empresas europeas crearon casi el 80% del empleo generado, seguidas por las americanas (16,4%) y las asiáticas (4,1%).

La tendencia no solo ocurre en Europa. La Caja Costarricense del Seguro Social anunció que las multinacionales nuevas, así como las ya establecidas en el país latinoamericano generaron 13 754 nuevos empleos en 2017, cifra un 11,7% superior a los 12 307 empleos generados en 2016. Ahora bien, no solo se mejora la creación de puestos laborales, sino las condiciones generales con respecto al mercado. Es decir, las transnacionales ofrecen unos beneficios más elevados a los registrados en el propio país.

Volviendo al estudio realizado por Marca España y la Universidad Camilo José Cela, el salario medio de los trabajadores de multinacionales alcanzó los 30 814 euros en 2013, lo que equivale a una remuneración un 35,8% superior al salario medio de los sectores en los que operan. Ahora bien, no todos los beneficios repercuten directamente en el sector laboral, sino que también llegan hasta el incremento de la oferta, el aumento de la competitividad, la promoción de la optimización de los procesos, la reducción de los costes de los bienes y servicios, así como una apuesta sólida por la innovación y las nuevas tecnologías.

En este último aspecto es importante ahondar. Se estima que, para el cierre de 2017, las grandes multinacionales han invertido más de 700.000 millones de dólares en tecnologías o procesos relacionados con el I+D. Un proceso que ha sido liderado por Amazon (16.000 millones de dólares), seguido de otras grandes transnacionales como Alphabet (13 900 millones de dólares), Samsung e Intel Co (12 700 millones de dólares, cada una), así como Wolsvagen y Microsoft (ambas con 12.000 millones de dólares). Unos recursos que no solo tendrán su impacto para las propias compañías, sino para los mercados en donde operan.

Actualmente, permanece vigente el estigma social sobre las multinacionales, por lo que habría que valorar lo siguiente:

¿Son socialmente conocidas y valoradas las aportaciones que realizan las transnacionales a la economía nacional?

Para ser sincero, creo que no se encuentra valorados en su justa medida los beneficios que pueden llegar a aportar a las estructuras industriales locales y a la propia economía. Sin duda alguna, lo que se señala en el preámbulo sobre algunas de los posibles factores negativos que pueden llegar a incurrir en ocasiones alguna de ellas, no es posible refutarlo. Pero también hay que poner en valor el *know how* que pueden llegar a aportar en ese sector en empresas complementarias y auxiliares, que obviamente ofrecerán la posibilidad de un gran desarrollo, no solo en ese concreto sector industrial, sino que además puede ser objeto de ser trasladado al resto de la economía. La razón es que ese conocimiento puede llegar a ser el motor de otros proyectos empresariales, que pueden hacer uso de él.

¿Es el rechazo a las multinacionales un mensaje más político que económico?

Es una pregunta muy complicada. Realmente, en la práctica es difícil poder llegar a responderla con rotundidad. No cabe la menor duda que es evidente que, irrefutablemente, según sea más conveniente para los intereses de cada cual, se enviará un mensaje en un sentido o bien otro en el contrario, e incluso se construirán teorías muy esclarecedoras que hagan hincapié en ello, de una manera que sea muy explicativa para la conveniencia de cada interés concreto. Pero hay que tener siempre en cuenta que, si en realidad lo que finalmente aporta una multinacional es superior a lo que llega a poder destruir en la economía local, lógicamente es evidente que resultará ser de hecho beneficioso, en la práctica, la presencia de dicha multinacional para esa región donde se encuentre.

Aunque es conocido el descontento en relación con las multinacionales, es necesario ver los argumentos con los que son avalados. Como habíamos comentado, las sociedades ven a las transnacionales como firmas explotadoras y agresivas en su política en los países en los que se encuentran. En concreto, ven un problema ético en la búsqueda de producir en mercados donde la mano de obra sea más barata y no cuente con todos los beneficios o las seguridades que en el país de origen de la firma.

Ehsan Ullah Khan, activista paquistaní, es uno de los que sostiene este argumento. En declaraciones a la prensa internacional afirma que "Occidente protege a sus niños, pero sus multinacionales abaratan su producción en el tercer mundo con mano de obra infantil". Esos son justamente los argumentos empleados por organizaciones como el Comité de Trabajo Nacional, Global Exchange o Sweatshop para forzar a contar con unos controles mínimos en sus procesos de producción, así como en el de sus proveedores.

La lupa se ha posado principalmente sobre empresas deportivas, textiles, construcción y lujo, a las que se han sumado más recientemente las de electrónica y vehículos eléctricos. En este sentido, Seema Joshi, responsable de empresas y derechos humanos en Amnistía Internacional, asegura que "inicialmente, nuestras investigaciones hallaron que en las cadenas de suministro de algunas de las marcas más importantes del mundo hay cobalto extraído por niños y adultos en terribles condiciones en la República Democrática del Congo. Cuando nos pusimos en contacto con estas empresas, nos sorprendió descubrir que muchas no hacían preguntas básicas respecto a la procedencia de su cobalto", ha declarado.

Otra de las denuncias está relacionada con la destrucción de ecosistemas. En especial, se consideran contraproducentes para los recursos naturales la estrategia empleadas por las multinacionales en los mercados de la minería y el petróleo. El *fracking* (técnica para la extracción de petróleo y gas natural atrapados en los poros de formaciones rocosas poco permeables) se ha convertido en uno de los casos más polémicos de los últimos años, por lo que se ha denunciado no solo el daño generado al medioambiente y la seguridad de los ciudadanos, sino también los intereses ciegos por impulsarlo por parte de multinacionales canadienses, fondos británicos y hasta algunos gobiernos.

Al listado se siguen sumando otras críticas como la generación de precariedad laboral, presiones sobre la producción y empresas locales, promover la corrupción, aumentar los niveles de deterioro social y minar los derechos de los trabajadores. Con todas las cartas sobre la mesa, resultar interesante definir lo siguiente:

¿Las multinacionales siguen generando el impacto negativo que se les atañe, o por el contrario siguen arrastrando la mala fama de décadas anteriores?

Bueno, realmente hay que exponer que se debe aclarar de qué sectores industriales, en concreto, se está refiriendo, pues, indudablemente, pueden existir sectores industriales en los que la transferencia de conocimiento pueda ser susceptible de llegar a ser, en realidad, más difícil de realizar, a causa de las características propias que poseen. Pero es indudable que siempre se tendrá que analizar lo que he descrito anteriormente, antes de formar alguna opinión, pues seguro que, de no ser de esta manera, será objeto de algún prejuicio, a veces incluso equivocado por mor de algún interés bastardo.

¿Son eficientes los controles implementados por los gobiernos e instituciones sociales para reconducir el comportamiento de las grandes multinacionales?

Lógicamente, si realmente, esos controles realizan su perfecto objetivo para los que fueron creados, es evidente que se debe decir que sí. Aunque se debe reconocer que este tipo de empresas puede acceder de una manera mejor a posibilidades de carácter elusorio, obviamente con una mayor facilidad que las empresas que no pueden llegar a tener esa posibilidad multinacional.

La magnitud del poder de las multinacionales no siempre es fácil de comprender. Aunque se sabe que los grupos ganan importantes sumas de dinero al año y que sus directivos se convierten en los hombres más ricos de los *rankings* internacionales, son pocos los que se imaginan que para el cierre de 2016 había 10 empresas con más recursos que 180 países del mundo.

Un estudio de la fundación *Global Justice Now* tomó como referencia las cien mayores entidades económicas del mundo y cruzó su facturación con el producto interior bruto de los países. El resultado fue que una multinacional ya se posicionaba en el top 10 de las principales economías internacionales. En concreto se trataba de Walmart, la mayor cadena comercial del mundo (482 130 millones de dólares), lo que le solo le situaba por detrás de Estados Unidos, China, Alemania, Japón, Francia y Reino Unido, Italia, Brasil y Canadá.

Si se ampliaba el margen hasta las 20 economías más grandes del mundo, aparecían cuatro multinacionales en el *ranking*, curiosamente tres provenientes de China: el monopolio eléctrico State Grid (14) y las petroleras National Petroleum (15) y Sinopec (16), seguida de la Royal Dutch Shell (18). Un listado en el que posteriormente aparecen Exxon Mobil (21), Volkswagen (22), Toyota (23) y Apple (26).

Por si aún quedan dudas, el valor combinado de estas 10 multinacionales es comparable al producto interior bruto de los 180 países más pequeños del planeta, un grupo que incluye a Irlanda, Indonesia, Israel, Colombia, Grecia, Sudáfrica y Vietnam, por citar a las más relevantes.

Al analizar los datos publicados por el Banco Mundial en ese mismo año, 2016, se puede llegar a la conclusión de que Walmart tenía unos recursos económicos similares a los que dispone Polonia. En la misma línea, Exxon Mobil contaba con el equivalente al Producto Interior Bruto (PIB) de Finlandia, Verizon de República Dominicana, General Motors de Ecuador, Volkswagen de Grecia, Apple de Bangladesh, y Samsung de Nueva Zelanda. Sin olvidar a Toyota o Ford, que sumaban una facturación del tamaño de la economía de Portugal y Marruecos, respectivamente.

El impacto económico de las transnacionales hace evidente la fuerza que tienen en los *lobbies* y toma de decisiones mundiales, por lo que son otro de los *players* que determinan el futuro de los países y de la economía mundial. Ante la magnitud de su poder, cabe preguntarse lo siguiente:

¿Es un riesgo para los ciudadanos o para la soberanía de los países el poder económico que se concentra en las multinacionales?

Para contestar a esta pregunta hay que realizar una reflexión acerca de que si, en realidad, esas multinacionales pueden llegar en la práctica, con las leyes establecidas políticamente en cualquier país, a poner en peligro esa soberanía, y sobre todo, estudiar el porqué puede existir esa posibilidad con una legislación creada por los políticos en dicho país, y si realmente puede existir dicha posibilidad, analizar por qué no se realizan los cambios legislativos pertinentes por parte de quien corresponda para impedir que pueda existir esa posibilidad.

¿Es necesario más controles sobre las multinacionales para garantizar que no intervienen en el futuro político de los países? De ser así, ¿qué impacto tendría en la economía mundial?

Esos controles a los que alude la pregunta se deben realizar para que realmente sean efectivos, únicamente siempre y cuando existan leyes reguladoras, en aras de que no puedan las multinacionales llegar a poder intervenir de esa manera que se señala, para que así se posibilite realizar esos controles con toda legalidad.

No todo es dinero en las iniciativas privadas. Existe un importante grupo de instituciones que, a pesar de no tener relación con el sector público, trabajan a favor de una meta común sin ningún ánimo de lucro. Esas son las organizaciones no gubernamentales (ONG), un cúmulo muy diverso de proyectos que se dedican a una amplia gama de actividades en los distintos países del mundo.

Para lograr su viabilidad operativa, las ONG pueden obtener recursos de tres formas: la primera, la beneficencia de la sociedad civil o de alguna gran organización; la segunda, a través de acogerse a una exención de impuestos basada en el reconocimiento de sus fines sociales; y finalmente, por contar con el apoyo de instituciones políticas, religiosas o de otra índole que comparten sus objetivos.

El poder de las ONG no debe ser ignorado. Según los datos recopilados a inicios de 2016, había más de 10 millones de organizaciones no gubernamentales en todo el mundo, con unos fondos económicos que les convertiría en la quinta economía más grande del mundo. Es decir, tomando el lugar de Francia y superando a otros países como Reino Unido, Italia o Brasil, además de superar a cualquiera de las multinacionales existentes, debido a que la que cuenta con el mayor tamaño, Walmart, solo llegaría a ser el décimo país más rico del mundo.

¿A qué se debe el poder concentrado en las ONG? A su poder de captación de ayudas en la ciudadanía. Por ejemplo, al cierre de 2015 se conocía que casi una de cada tres (31,5%) personas en el mundo realizó donaciones en 2015 y una de cada cuatro (24%) hizo voluntariado. Al estudiar un país en concreto, por ejemplo Canadá, se ve que el 84% de los canadienses dona a organizaciones no gubernamentales una media de 446 dólares por año, lo que equivale a 10 600 millones de dólares anuales en todo el país.

La situación de las ONG también es interesante en países como India, donde existen más de 3,3 millones de organizaciones no gubernamentales; es decir que hay una ONG por cada 400 personas. Una situación similar ocurre en Kenia, donde las organizaciones no gubernamentales emplean a más de 290.000 personas, a tiempo completo y voluntarios, de los cuales el 80% son menores de 24 años. Australia no se queda atrás y las 600.000 ONG que existen en el país generan el equivalente al 8% de la fuerza laboral nacional.

Ante el poder económico y laboral de las ONG en todos los países del mundo, resultaría de gran interés definir lo siguiente:

¿Son organizaciones que pueden influir y presionar en las tomas de decisiones políticas o económicas de un país?

La historia de estas organizaciones no gubernamentales se encuentra repleta de casos en ese sentido, en diversos países del mundo. Y no solo en un país, sino que realmente lo hacen a nivel mundial, pues simplemente hay que recordar que ONG como Greenpeace, Amnistía Internacional etc., —obviamente es algo irrefutable— han logrado y están logrando —y, con toda seguridad, lograrán— que muchas leyes sean de su orientación en muchas materias de la vida. Por tan solo citar un ejemplo ilustrativo, piense en leyes a nivel mundial, en materia de pesca.

¿Sus resultados alcanzados equivalen a la magnitud de los recursos con los que cuentan?

Hay que considerar que, en realidad, en muchas materias resulta muy dificultoso y hasta incluso imposible realizar una valoración económica de asuntos. En concreto, se podría cifrar con exactitud cuánto vale la salvación de las ballenas de su total extinción. Por tanto, se puede decir que en algunos casos lo invertido tendrá un retorno a la sociedad enorme, y en otros casos es posible que dicho retorno no sea tan grande. Pero hay que tener presente que si se puede conseguir alcanzar el objetivo precisado, puede ser que, simplemente, con este hecho ya sea suficiente la rentabilidad para la sociedad obtenida.

Las organizaciones no gubernamentales seguirán creciendo en todo el mundo. A pesar de los entornos económicos adversos, las previsiones de donaciones se han mantenido en tendencia positiva para las ONG. De ahí que hayan logrado pasar de percibir un total de 1,2 mil millones de dólares en 2011 a 1,4 mil millones de dólares en 2014, un volumen que se prevé que llegue hasta los 2,5 mil millones de dólares para 2030, indiferentemente de los panoramas económicos y financieros que atravesará cada nación.

Una de las clave para lograrlo es que el 80% de los ciudadanos del mundo está de acuerdo en que las ONG facilitan el involucramiento en un cambio social positivo, por lo que están dispuestos a compartir recursos para promover su labor. Un ejemplo claro de esto ha ocurrido en España durante los años de la crisis económica.

Un informe de la Coordinadora de ONG para el Desarrollo (CONGDE), que ofrece una fotografía del sector en España, concluye que las ONGs españolas han sobrevivido a años de recortes gracias al aumento del 44% de las donaciones de los ciudadanos. Una situación que ayudó a paliar el retroceso en la financiación pública. "La mayor parte de los fondos estatales proceden, una vez más, de la voluntad de la ciudadanía a través de la casilla de fines sociales del IRPF", explica Maite Serrano, directora de la coordinadora.

Así mismo, Andrés R. Amayuelas, presidente de la coordinadora, ratifica la capacidad de las ONG para sobreponerse a las coyunturas económicas, considerando que "la buena noticia es que a pesar de los años de recortes y la crisis sostenida, el sector resiste y esto lo podemos hacer gracias al apoyo ciudadano". No obstante, es importante destacar que no todas las organizaciones no gubernamentales son inmunes a las crisis.

El estudio titulado *La reacción del tercer sector social al entorno de crisis,* elaborado por el Instituto de Innovación Social de ESADE, PwC y Fundación La Caixa en 2014, aseguraba que la crisis había puesto fin entre a un 20 y a un 30% de las ONGs españolas. No obstante, ya en este informe se preveía la recuperación de la financiación durante los años posteriores (a partir de 2017), así como la recuperación del espacio perdido durante los años más fuertes de la coyuntura económica.

Con el futuro económico de las ONG garantizado y capaz de sobrevivir a los retrocesos de la economía mundial, sería interesante analizar dos aspectos fundamentales:

¿Son las **ONG** un modelo indestructible en las economías modernas?

Sinceramente, hay que reconocer que los gobiernos están, en muchas áreas, dejando las competencias en las que antes solían ocuparse, y cediéndolas precisamente a las ONG; la razón es que, irrefutablemente, en muchos casos son necesarias para la ciudadanía. Por lo tanto, es de esperar que al ocurrir esta dejación de responsabilidades por parte de muchos gobiernos, es lógico que las ONG sean unas instituciones que no van a desaparecer fácilmente, siempre y cuando —evidentemente— puedan seguir obteniendo los fondos necesarios para sus cometidos.

Además del respaldo ideológico de ayudar a los demás, ¿son las **ONG** un canal más para ayudar a las grandes multinacionales a mejorar su imagen ante la sociedad?

Es una pregunta con bastante fondo, porque realmente no se puede olvidar que en muchas ocasiones precisamente esas ayudas económicas que realizan esas multinacionales suele servir para engrosar el *marketing* de ellas, por mor de hacer una explícita publicitación de esa ayuda, en algunos casos muy ampliamente. Y ello —no cabe duda— ayuda a mejorar la imagen corporativa y la reputación de dicha empresa.

Forbes publicó en 2014 un listado con las ONG más importantes de todo el mundo. Se trata de una relación que está encabezada por el Bangladesh Rural Advancement Committee (BRAC), de origen asiático, que se centra en el préstamo de microcréditos en sectores vinculados con la agricultura, la alimentación, la ayuda legal y el cambio climático. En este sentido, se prevé que para dicho año existan 126 millones de personas beneficiadas (por valor estimado de 9000 millones de dólares).

La clasificación incluye a Acumen Fund, una organización no gubernamental que ha trabajado, a través de la ayuda de empresas sociales y de líderes emergentes, a favor del desarrollo de los países del tercer mundo. Uno de sus principales valores añadidos es que, además de promover la financiación, exige la contratación de los habitantes de estos países como capital humano de empresas sociales. De esta manera se promueve el empleo entre las poblaciones más vulnerables, llegando a generar un impacto positivo en 86 millones de personas.

Dentro del tercer mundo, Partners in Health ha dedicado tiempo y recursos para ayudar con asistencia sanitaria a las personas con escasos recursos económicos, en especial en el colectivo de los enfermos de SIDA y de tuberculosis, por lo que se han centrado en la lucha por cinco valores generales: acceso universal a una atención primaria de salud, garantizar que los servicios sanitarios y de educación sean gratis para los más pobres, contratando y preparando personal sanitario, mejorar el acceso a la comida y al agua potable y promover oportunidades económicas dentro del país.

Danish Refugee Council también ha sido destacada por Forbes. La organización, que se ha dedicado a ayudar a los afectados de la segunda guerra mundial, ha trabajado tanto con los ciudadanos como promoviendo la reconstrucción de infraestructuras destruidas, especialmente en las zonas con menos recursos. Una labor similar a la realizada por la organización no gubernamental especializada en situaciones de postguerra: CARE International. Para 2014 la marca había dejado de estar presente en 84 países, donde han atendido a 122 millones de personas.

Ante el impacto internacional de las ONG en grupos muy delimitados de personas, así como su prevalencia en el tiempo, habría que hacer un balance para estimar lo siguiente:

¿Están las ONG ayudando a grupos vulnerables que, en realidad, son responsabilidad de los estados?

Sí, sin duda alguna. Como decía en una anterior respuesta, gran parte de los intereses que gestionan las ONG resultan ser una dejación de lo que debería ser el negociado de los gobiernos, dentro de su deber de administración social, pero que porque se encuentran inmersos en teorías que propugnan un recorte de gastos públicos, no los realizan. Como realmente son algo importante para la sociedad, hay que promover la virtud social conveniente en personas e instituciones, para que suplan esa carencia, realizando todo ello, por ejemplo, las ONG.

¿Cuánto pueden ahorrar las ONG a los Estados en materia de gasto social?

La cifra concreta real de su agregado es muy difícil de calcular, pues es obvio que cada institución suele dar una concreta, pero de una manera —hay que reconocerlo— que es bastante *sui generis*. Los precios de los bienes y servicios comprados por la ONG varían mucho, y obviamente la realización de dicha compra distorsiona en la realidad la cifra real. Es posible que dicha compra no tenga el mismo precio que si la hiciera un gobierno, pero es evidente que con toda seguridad representará un porcentaje considerable del producto nacional bruto de cualquier país. Este ahorro representa en la práctica un claro desahogo para el erario, y es por ello que estas ONG le vienen muy bien a los gobiernos.

Las organizaciones no gubernamentales no destinan todos sus recursos a los proyectos en los que están especializados. Una parte de los fondos son usados en los denominados "gastos generales", es decir, aquellos necesarios para el funcionamiento de la institución (gastos de oficinas, salarios del personal no voluntario, transporte, servicios, etc.). Ahora bien, aunque es comprensible la necesidad de contar con unos recursos mínimos para que la ONG sea viable, las dudas recaen sobre qué porcentaje del total deben representar los "gastos generales".

A pesar de que no existe una regulación internacional, desde la Asociación Mundial de Organizaciones No

Gubernamentales se presentaron sus propias recomendaciones: dotar con más del 80% de los recursos a los proyectos e iniciativas de la ONG, para que menos del 20% sea el empleado en los "gastos generales". Ahora bien, no es una tasa que sea internacionalmente aceptada y algunos expertos estiman que los fondos para el funcionamiento interno nunca debería ser superior al 5% del total, una apuesta que, por ejemplo, está en línea con la decisión tomada por el Fondo Mundial de Lucha contra el SIDA, la Tuberculosis y la Malaria.

Aunque pueda parecer superfluo, el debate sobre los "gastos generales" tiene al menos tres importantes trasfondos. El primero, que permitirá determinar el tamaño de la ONG y, por lo tanto, mientras más grande sea, mayor serán los recursos que necesite para poder lograr su objetivos. Otro aspecto a considerar es que se perderá un importante porcentaje de los fondos recaudados, ya que no irán directamente a favorecer a las poblaciones más vulnerables y, finalmente, porque podría ser una tentación para la retención de capital o de posibles corrupciones.

Por ejemplo, en 2007 fue muy resonado el caso de Anesvad. La ONG de Bilbao sufrió un caso de escándalo tras conocerse varios casos de apropiación de fondos. Entre ellos estaba el propio expresidente de la organización no gubernamental, José Luis Gamarra, quien fue condenado por el Tribunal Supremo al considerar que existió apropiación indebida de 7 556 651 euros. El caso generó que, en el plazo de dos años, perdieran al 40% de sus afiliados.

Con el Banco Mundial considerando normal que los "gastos generales" sean de hasta casi el 40%, podría ser necesario conocer lo siguiente:

¿Cuál es el porcentaje idóneo de los gastos generales para lograr el buen funcionamiento de la ONG, sin caer en prácticas ilegítimas?

Es otra de las preguntas de difícil contestación, de un modo general. De la misma manera que aún no se ha podido resolver cuál es la estructura idónea financiera de una empresa, pienso que es muy difícil responder con rotundidad a esta pregunta, porque es obvio que los gastos generales dependen siempre de las necesidades que tiene cualquier tipo de empresa en este sentido. Evidentemente, esto es algo que dependerá siempre del tipo y necesidades que deba cubrir cada una de ellas, pero realmente, con el fin de poder conseguir una mayor rentabilidad, se deberá tener un criterio que objetive que los gastos generales sean los menos posibles.

¿La corrupción dentro de las ONG se puede vincular directamente con sus gastos generales, o por el contrario radican en las carencias de controles internos?

La corrupción es algo inherente a la naturaleza humana. Todos tratamos de influir para obtener algún tipo de mejora a nuestro favor, aunque este tipo de corruptelas obviamente pueden ser subsanadas con un control que realmente las impida, y en el caso de que hayan sido realizadas, las identifique en toda su extensión, lo más rápido que sea posible.

La aportación de las organizaciones no gubernamentales parece incuestionable. Algunos pensarían imposible o ilógico que existieran movimientos en contra de las ONG, pero no es el caso del experto Issa G. Shivji. El académico especializado en África no tiene uno, sino dos ensayos en contra de la labor de estas instituciones, como son *Silencios en el discurso de las ONG: el papel y el futuro de las ONG en África* y *Reflexiones sobre las ONG en Tanzania: lo que somos, lo que no somos y lo que deberíamos ser.*

A su entender, la proliferación de las ONG radica en intereses neoliberales, pero no en el interés altruista de ayudar al prójimo. En otras palabras, duda de las buenas intenciones de los líderes y promotores de las organizaciones no gubernamentales. De ahí que suela ser muy tajante al considerar impropio que existan instituciones destinadas a cambiar el mundo, pero que sean incapaces de comprender las situaciones sociales, económicas o de índole cultural y religioso de las zonas en las que están presentes.

El profesor de la Universidad de Washington, James Pfeiffer, tampoco se ha mostrado a favor de la labor realizada por las ONG en África. Más precisamente en aquellas que han aumentado los efectos negativos sanitarios en Mozambique. Según afirma, justamente han sido las organizaciones no gubernamentales las que han "fragmentado los sistemas de salud local, socavado el control local de los programas de salud, y han contribuido a la creciente desigualdad social local". La descoordinación y el desconocimiento son, de nuevo, aspectos que ponen en tela de juicio las aportaciones reales de las ONG.

Algunos economistas, activistas y periodistas han evidenciado sus posturas en contra de las ONG. En la mayoría de los casos, las críticas apuntan a que "el remedio es peor que la enfermedad" y que detrás de las organizaciones no gubernamentales existen otros tipo de intereses que poco tienen que ver con la ayuda de los colectivos más perjudicados en zonas pobres.

Ante una posición adversa que pasa casi desapercibida ante el amplio apoyo a las ONG dentro de los países, resultaría necesario tomar el papel del "abogado del diablo" para determinar la siguiente cuestión:

¿Existe en las ONG un verdadero desconocimiento de las sociedades en las que trabajan, por lo que sus esfuerzos pueden ser contraproducentes?

Puede llegar a existir en alguna de ellas, pero la mayoría de ellas suelen saber bastante bien dónde se están metiendo. Aunque, siguiendo esta línea de razonamiento, debo decir que hace ya algunos años un buen amigo mío, con muchísimos años de dedicación en estas actividades en el Perú, me dijo algo que no olvidaré y que me gustaría citar : "Hay muchos que, a toda costa, pretenden vivir de los pobres, como ricos".

¿Quiénes podrían emplear a las ONG para obtener beneficios imperceptibles de las poblaciones más vulnerables del mundo?

Como señalaba en anteriores respuestas, las ONG vienen siendo utilizadas para cubrir las necesidades que deberían cubrir los gobiernos, por lo que está muy claro que son los propios gobiernos y sus gobernantes, los que por lo general se benefician palmariamente de las ONG. Vemos en demasiadas ocasiones que las ayudas no llegan a la población, y en cambio las cuentas bancarias y la vida opulenta —es algo llamativo— se puede constatar en muchos dirigentes, a pesar de las grandes dificultades que tiene el país y sus ciudadanos, con carencias de toda índole y de todo tipo de tamaño.

El punto intermedio entre las grandes multinacionales y las ONG parece encontrarse en la responsabilidad social corporativa (RSC). Una práctica que consiste en las ayudas de las empresas de forma activa, voluntaria y desinteresada para fomentar el mejoramiento de las condiciones sociales, medioambientales o económicas de las poblaciones en donde operan las compañías. Es decir, una versión más evolucionada de la tendencia que tuvo su origen en el siglo XIX, cuando los dueños de algunas industrian en Estados Unidos y en Europa se preocuparon por mejorar las condiciones de vida de sus empleados.

La evolución propia de la responsabilidad social corporativa generó que, a pesar de que su concepto naciera en la década de los 50 en Estados Unidos, no fuera hasta la década de los 90 cuando tomase una vigencia extendida por el sector industrial. En poco tiempo el concepto empezó a crecer como la espuma y fue adaptado por un mayor número de firmas y empresas, siendo uno de sus grandes promotores la propia Comisión Europa, quienes vieron en la RSC una fórmula para involucrar a los empresarios con la cohesión social.

Imaginar actualmente a grandes empresas que no avanzan en la responsabilidad social corporativa parece imposible de imaginar. Incluso, el Instituto de Reputación elabora un *ranking* anual con las empresas más destacadas del mundo en materia de RSC, en donde Lego ha sido el protagonista de 2017 por "su comportamiento ético, transparencia, protección medio ambiente". Le siguen Microsoft, Google, Walt Disney Company, BMW e Intel.

Para comprender la magnitud de la responsabilidad social corporativa hay que saber que incluso existe un Pacto Mundial de Responsabilidad Social Empresarial de Naciones Unidas, donde España es líder con 2500 entidades adheridas al cierre de 2017, según los datos ofrecidos por el propio Gobierno de España.

No obstante, aún queda mucho terreno para avanzar. De ahí que el presidente de la Red Española del Pacto Mundial, Ángel Pes, haya lamentado durante las III Jornadas de Responsabilidad Social Corporativa que "aún hay más de un 30% de empresas españolas que solo publican información financiera".

Con la responsabilidad social corporativa como un sendero intermedio entre el poder de las grandes multinacionales y la visión altruista de las ONG de ayudar a la población más desfavorecida, habría que establecer los siguientes pilares clave:

¿Es realmente la responsabilidad social corporativa un acto altruista de las empresas o solo una fórmula para limpiar su imagen frente a la sociedad?

La responsabilidad social corporativa es uno de esos nombres grandilocuentes que suelen definir algo que es absolutamente espurio en la práctica. A mi juicio solo se trata de un aspecto más del *marketing* con respecto a su imagen corporativa, pues si realmente quisieran hacer algo por la sociedad, existen muchísimas maneras de poder implementar medidas conducentes a conseguir realizar eso que gusta tanto decir: devolver parte a la sociedad, de todo lo que ha podido recibir de ella.

¿La responsabilidad social corporativa se puede convertir en un modelo más eficiente y mejor gestionado que las ONG?

No, en modo alguno. La responsabilidad social corporativa hace alusión a un acto que por lo general, no suele necesitar del tipo de infraestructura que debe implementar y mantener una ONG, por lo que ambos son muy distintos. Por lo tanto, creo con sinceridad que no son comparables. Debemos entender que ambos pueden ser una ayuda para la sociedad, en muchos casos eficaz, y que no hay por ello que establecer una lid en ningún sentido, entre ambas posibilidades.

La presencia de las multinacionales en el ámbito social genera incertidumbre. La opinión pública se ha posicionado a favor y en contra de que las grandes compañías cuenten con un protagonismo en sectores ajenos al económico, al mismo tiempo que se ha buscado el poder determinar cuál es el impacto real que tienen las empresas en la sociedad. No en vano, son muchos los que consideran que los grupos se benefician indirectamente de las labores de responsabilidad social corporativa con fines lucrativos.

Kenneth E. Goodpaster y John B. Mathews planteaban un dilema muy interesante sobre el tema. Ambos coincidían en que "las empresas multinacionales son tan poderosas que es peligroso que se inmiscuyan en temas sociales y políticos, pero también lo es que solamente se dediquen a maximizar sus ganancias".

En este sentido, la sociedad tendría que determinar cuál sería el mal menor entre ambas tendencias, ya que se considera que si una empresa involucrada en temas sociales puede sacar alguna rentabilidad de sus actividades de responsabilidad social corporativa, lo hará. Ahora bien, las dudas al respecto van incluso un poco más allá y llevan a cuestionar cuál es el impacto que tienen las empresas, a través de su RSC, en el desarrollo humano, y el peso que han adquirido para la cooperación, crecimiento y abastecimiento de los grupos más vulnerables de la sociedad.

Las labores de comunicación masiva que se registran alrededor de la responsabilidad social corporativa también generan un impacto en la percepción de las empresas y en la transmisión de sus propios objetivos. A esto se suma que, a través de la interrelación con todos los agentes relacionados con la producción, las empresas logran generar alianzas en la sociedad que se consolidan con el paso de los años y generan un clima de confianza con otros *players* que tradicionalmente solían mostrarse en contra de las compañías.

Actualmente resulta casi imposible concebir a una gran empresa que no dedique tiempo y esfuerzo a la responsabilidad social corporativa. Incluso es la propia sociedad la que sanciona a las compañías que se centran en su modelo productivo sin detenerse a pesar en cómo mejorar al entorno a donde produce. Un escenario que ha generado que existan medidores que premian los esfuerzos de las firmas en responsabilidad social corporativa y que les permite ganar certificados de calidad que aumentarán su aceptación social.

En una balanza que aún se debate sobre la transparencia en las intenciones de las empresas con sus labores de responsabilidad social corporativa, resulta necesario conocer lo siguiente:

¿Existe un riesgo real en el impacto que puedan tener las políticas de responsabilidad social corporativa en una sociedad?

Francamente, tras lo que se puede llegar a observar en relación a lo que es en realidad la responsabilidad social corporativa que están llevando a cabo las empresas que anuncian que la están poniendo en práctica, debo decir que es indudable que para las sociedades no es tan evidente el impacto que algunos pretenden hacer creer que están teniendo estas prácticas. Hay que tener presente que realmente son pocas las empresas que se han sumado a la realización de prácticas de responsabilidad social corporativa, por lo que es lógico que con ese número su impacto no pueda llegar a ser, en la práctica, algo muy considerable con respecto a toda una sociedad.

¿Es la responsabilidad social corporativa una forma indirecta de favorecer el posicionamiento de marca y reputación de las empresas?

Sí. Lo digo con rotundidad. Ya he contestado en este sentido en alguna de las anteriores preguntas, sin que me albergue ninguna duda. Se debe reconocer que muchas empresas —realmente, es algo palmario— emplean este asunto tan solo como una acción destinada a mejorar su imagen de marca, y así posicionarse mejor en el mercado. La razón es que sus acciones incoherentes, en relación a ello, manifiestan de manera muy evidente que a dichas empresas, en realidad, les importa muy poco el bien de la sociedad.

La responsabilidad social de las empresas (RSE) también encuentra un punto intermedio entre el poder de las multinacionales y la virtud social conveniente de las ONG. Aunque se suele emplear como un sinónimo de la responsabilidad social corporativa, en realidad son dos conceptos diferentes, ya que la RSE puede ser denominada como el mecanismo para "hacer negocios basados en principios ético y apegados a la ley". Justamente donde las empresas españolas cuentan con un buen posicionamiento.

Un estudio de la OBS Business School afirma que España ocupa el segundo lugar mundial en calidad y transparencia, tanto en la información sobre funcionamiento interno como en la responsabilidad social de las empresas facilitada por estas. Una investigación que ha tomado cinco aspectos en consideración para lograr la clasificación internacional: personas, organizaciones, capital relacional, capital económico y capital social.

La medición de la responsabilidad social de las empresas no solo recae sobre la propia empresa, sino también en la percepción que tengan los ciudadanos de la firma. No hay que olvidar que el auge de internet y las redes sociales han generado un nuevo fenómeno: *el consumidor consciente*. Un perfil ciudadano que, ante el amplio acceso a información a tiempo real, puede conocer mucho más sobre los procesos de fabricación, política de RSE de las empresas y características laborales de sus trabajadores, entre otros aspectos de gran interés.

El estudio de la OBS Business School también aclara que, en el caso español, un 36% de los consumidores se consideran sensibles a la responsabilidad social de las empresas. Muy cerca se quedan aquellos que conocen el fenómeno de la responsabilidad social y practica un consumo consecuente y responsable (31%). En el mismo informe se expone un hecho notable: por primera vez en la historia los ciudadanos declaran valorar más los atributos de la RSE que los criterios contables para determinar que una empresa es "una buena empresa".

Ante una tendencia que se consolida entre las nuevas generaciones y ante la evolución de la responsabilidad social de las empresas en los mercados internacionales, sería de interés conocer lo siguiente:

¿Será la RSE y RSC los nuevos parámetros para medir cuáles son las "mejores" empresas del mundo?

Debemos referirnos a la esencia de lo que es en sí una empresa, y la relación que debe tener con todos sus agentes y con su entorno. La responsabilidad social de la empresa es un término de nomenclatura muy rimbombante, que realmente hace alusión a lo que es la ética empresarial. A lo que quiere referirse en realidad es a otra denominación superlativa, como es la responsabilidad social corporativa. Esta no es otra cosa que utilizar algún fin social para ofrecerlo a la sociedad, y esto —se debe señalar— se ha venido realizando desde ya hace muchísimos años. Además con unos claros fines, sin ambages ni utilizando eufemismo alguno, tendentes evidentemente a la mejora y posicionamiento reputacional, y por ende en el mercado, de las empresas que venían realizándolo.

Ante las diferencias naturales entre la RSE y la RSC, ¿cuál será más importante por su impacto en la sociedad?

Pienso con sinceridad que ambas son muy convenientes para los ámbitos a los que se encuentran orientadas. Por tanto, realizar una señalización conducente a jerarquizar cuál de ellas puede ser la mejor, creo obviamente que resulta ser algo sin sentido alguno. Creo realmente que tener un adecuado marco ético que rija las conductas de las empresas, puede llegar a afectar a una mayor parte de la sociedad.

A pesar de que se ha avanzado significativamente en los últimos 10 años, aún queda un gran camino para recorrer en materia de responsabilidad social de las empresas y en la responsabilidad social corporativa. Los expertos e instituciones representativas en RSC apuntan que, de cara a futuro, es necesaria la integración de los objetivos de desarrollo sostenible (ODS) en las agendas de empresas y gobiernos.

En este sentido, es importante recordar que los ODS fueron aprobados por 193 países en el marco de la Organización de las Naciones Unidas en septiembre de 2015, para poner fin a la pobreza, proteger el planeta y garantizar que todas las personas gocen de paz y prosperidad en los próximos quince años. Así, suponen hasta 17 objetivos alcanzables para cambiar el mundo.

La directora general de la Red Española del Pacto Mundial, Isabel Garro, recuerda que en el país europeo aún quedan algunas asignaturas pendientes, como son "la publicación de la Ley española de cambio climático y transición energética, y se refuerce el papel que las empresas españolas están llevando a cabo en este punto y sirva de revulsivo para crear un movimiento generalizado entre el tejido empresarial español".

En la misma línea está el director general de Forética, Germán Granda. A su entender, "el cambio climático, derechos humanos e impacto social, transparencia, economía circular, ODS, innovación sostenible o gestión ética y responsable ante el futuro del empleo serán sin duda términos que marcarán la agenda de 2018". En el mismo período también se irá reforzando "el alineamiento de agenda global acompañada de regulación y con la respuesta del mercado y los inversores hacia una agenda de sostenibilidad como elemento de mitigación de riesgos, y también generación de oportunidades de mercado".

En el análisis de los retos a futuro también hay que tomar en consideración las opiniones de la directora de Comunicación de Valor Añadido (CVA), Marisa Cruzado, que ha puesto el foco en la necesidad de seguir fomentando las medidas de flexibilidad horaria y de teletrabajo. Unas peticiones a las que suma impulsar acciones de voluntariado con el objeto de fomentar y facilitar la acción social de los empleados, apostando por la salud como base de un estilo de vida saludable, un concepto que "se está abriendo camino en las organizaciones", a través del "modelo de empresa saludable 360 º".

"Incrustados en un modelo de empresa flexible, se consigue reducir el absentismo y mejorar la productividad. Ambos modelos (flexibilidad y empresa saludable) trascienden del entorno laboral y mejoran también la esfera privada y familiar de los empleados", ha puntualizado. No obstante, el listado aún es largo y se diseña según las necesidades de cada país y de la organización de sus estructuras. Por esto, hay que definir:

¿Cuáles son los grandes retos que superar en materia de responsabilidad social corporativa?

Debo decir que el gran reto es que, dando un paso atrás, los políticos tengan siempre presente en todas sus acciones que deben realizarlas con el fin de mejorar la sociedad y a todos sus partícipes. La razón es que estamos observando, de una manera muy evidente, que esto en demasiadas ocasiones no es así, ya que muchas legislaciones es obvio que son manifiestamente mejorables en este sentido. Y las empresas, lógicamente, adolecen por lo general de prácticas que, en la realidad, se puede llegar a entender que, lejos de ser buenas para la sociedad, lo que hacen verdaderamente es ocasionarla un claro perjuicio por motivos de poder llegar a alcanzar el fin de mejorar sus cuentas de resultados.

¿Son las sociedades las que marcan la hoja de ruta a seguir?

Por supuesto, sin duda alguna. Las sociedades, como tal, deben adoptar decisiones para que se establezcan medidas oportunas, para poder alcanzar el modelo social deseado, y a través de leyes y normas que legislen, establecer unas condiciones idóneas, en ese sentido. Además convendría siempre con vocación de respetar y alcanzar lo que es en realidad el bien común.

La responsabilidad social corporativa, en términos generales, ha logrado atribuirse en su historia algunos hitos importantes. Quizá el más importante es que su discurso ha ido expandiéndose y adaptándose a cada una de las sociedades, lo que le ha permitido contar con una sólida presencia en los mercados internacionales y estar presente en las agendas tanto actuales como en las previsiones futuras. Es decir, ha construido unas bases sólidas que hacen casi imposible imaginar el regreso a un modelo ausente de responsabilidad social corporativa.

Por este motivo, la responsabilidad social corporativa no solo ha llegado al núcleo de las empresas, sino que ha contado con un peso lo suficientemente alto como para cambiar las estructuras de la organización. Una jerarquía que queda aún más marcada cuando se percibe constantemente en los mensajes directivos de la organización, así como en sus estrategias de comunicación interna y externa. Lejos de haber llegado a su cima, ya hay avances en los nuevos objetivos: la profesionalización del personal en responsabilidad social corporativa.

Para comprender la magnitud del fenómeno, bastaría con analizar la amplia oferta de las universidades y escuelas de negocios relacionadas con la adquisición de conocimientos y competencias en materia de responsabilidad social corporativa. Desde la formación más básicas hasta varios años de estudios, dan a esta área un protagonismo absoluto dentro de las organizaciones.

Como era de esperar, ya han nacido organizaciones y colectivos que buscan integrar los esfuerzos de los expertos en responsabilidad social corporativa. Sin ir muy lejos, en España ya se ha conformado la Asociación Española de Directivos de Responsabilidad Social. Una institución que comenzó su aventura en abril de 2013 y que ya suma más de 200 socios, con cargos directivos, consultores o académicos.

Los esfuerzos de la Asociación Española de Directivos de Responsabilidad Social están dirigidos a "ayudar al desarrollo de los directivos y profesionales de la responsabilidad social empresarial, así como mejorar su capacidad de influencia para la creación de valor en las organizaciones". Una meta en la que trabajan a través de cuatro líneas estratégicas: formación, investigación, *networking* y *advocacy*.

Con un perfil empresarial que tiende cada vez más hacia la profesionalización de las tareas de responsabilidad social corporativa, había que estimar la siguiente cuestión:

¿Es viable la supervivencia de una gran empresa que no apueste por la responsabilidad social corporativa?

Comentaba en anteriores respuestas que existe aún un gran número de empresas que se encuentran fuera de esa corriente. Y obviamente, parece que no les va tan mal, ni tampoco se observa que se encuentren afectadas negativamente por este hecho. Por lo tanto, es indiscutible que las empresas que no se suman a ese compromiso relativo con lo que es entendido como responsabilidad social corporativa, pueden perfectamente, tener una viabilidad de supervivencia, pues evidentemente, en los mercados no existe implicación alguna desfavorable para ellas.

¿A qué escenarios podrá llevar los esfuerzos por formar a especialistas en responsabilidad social corporativa? ¿Nacerán nuevos grados universitarios?

Resulta lógico pensar que, respondiendo a su segunda pregunta, es factible que se creen ciclos formativos en relación a esa formación específica. Tal vez como grado no, porque un grado universitario son cuatro años y, sinceramente, pienso que no existe tanta materia como para poder ocupar todo ese tiempo. Creo que si en realidad se llegan a formar ejecutivos que tengan una especialización en responsabilidad social corporativa, podrán ser profesionales con peso dentro de las empresas, al igual que los de otras áreas, como pueden ser asesores fiscales, auditores etc.

La pobreza

La pobreza es una preocupación que debiera hacer reflexionar a todos, pues cualquier sociedad que quiera desarrollarse, tiene que tener presente que lo hará más fácilmente cuantos más sean sus componentes que puedan sumar, en lo relativo a ese desarrollo económico.

Una de cada cinco personas vive en situación de pobreza. Así de contundentes son las estimaciones realizadas por el Programa de Naciones Unidas para el Desarrollo. A pesar de que el debate sobre la pobreza está muy extendido y parecen ser conocidos por todos los ciudadanos, quizá sea necesario sentar bien las bases para un tema tan complejo y que afecta a al menos 1500 millones de personas en el mundo. En este sentido, el primer paso es comprender con exactitud qué es la pobreza.

Aunque es entendida como la situación económica donde una persona carece de recursos económicos para hacer frente a sus necesidades físicas (alimentación, vivienda, agua potable, educación, electricidad, vestimenta, etc.), también es la limitación financiera para poder hacer frente a las necesidades psíquicas básicas, esas que no siempre se pueden solventar por medio de bienes materiales. En ambos casos, juegan un papel protagonista los procesos sociales de exclusión social, marginación y segregación, lo que hace que sea aún más complicado revertir la situación de pobreza.

El distanciamiento entre la sociedad y el individuo en situación de pobreza no solo ignora las situaciones que pueden estar generando la ausencia de recursos, sino que incluso la agravan. De ahí que a las poblaciones más vulnerables les resulte más complicado hallar oportunidades laborales, fuentes alternativas de ingresos o áreas de capacitación donde adquirir nuevos conocimientos y capacidades. Ahora bien, resulta complicado trazar en qué punto se está hablando de pobreza.

El Banco Mundial traza la línea de pobreza en toda persona que perciba un pago menor a 3,10 dólares al día. Una cifra que, cuando no alcanza los 1,90 dólares diarios, pasa a ser considerada pobreza extrema. Aunque es una forma internacional para estudiar y estimar la situación de la pobreza, cada país luego establece sus propios controles. En los países en vías de desarrollo, por ejemplo, se ha apostado por un mecanismo más simple para su clasificación: la pobreza es la situación que afecta a toda persona que no cuenta con los recursos suficientes para la adquisición de la canasta básica de alimentos al mes.

En esta primera aproximación a la pobreza no se puede pasar por alto a la denominada pobreza relativa. Un concepto que se aleja de la idea de que el límite está trazado por la remuneración diaria o por la capacidad de acceder a la canasta básica. Al contrario, va un paso más allá y establece cuáles son los bienes mínimos a contar para no caer en una situación de exclusión social.

El economista Adam Smith afirmaba al respecto que "por mercancías necesarias entiendo no solo las indispensables para el sustento de la vida, sino todas aquellas cuya carencia es, según las costumbres de un país, algo indecoroso entre las personas de buena reputación, incluso entre las de clase inferior". Ahora bien, se trata de una idea que hay que abordar con precaución para evitar banalizar el concepto de la pobreza. Siendo una problemática sin resolver desde hace siglos, habría que hacer un poco de balance.

¿Los ciudadanos conocen y son conscientes de la problemática actual de la pobreza?

Lo que los ciudadanos conocen es lo que se viene a evidenciar de la pobreza, pues todos hemos podido ver personas en la indigencia, sin techo donde cobijarse, cerca de nosotros. Pero todo aquello que conlleva eso, y el conocimiento del intríngulis que existe en todo ese estado de demasiadas personas, dudo mucho que la mayoría de las personas lo puedan conocer, y de esta manera llegar a hacerse una idea clara, para tener un criterio formado que pueda arrojar luz al debate existente sobre la génesis de la pobreza y la manera de poder paliarla y erradicarla.

¿Están las nuevas generaciones mejor informadas y concienciadas para trabajar a favor de su erradicación?

Las vías de poder acceder a la información de todo tipo nunca en la historia han existido en tal número como actualmente, pero también hay que señalar que existe una manipulación informativa que hace que, en realidad, no se conozcan muchos asuntos en toda su extensión, ni de una manera fidedigna. Y luego, además, hay que tener en cuenta que debido a la existencia de tantísima información, las personas no pueden llegar a asimilar muchos asuntos, que en la práctica quedan obsoletos en tan solo horas. Por tanto se debe decir que esto es como todo, pues tratar de hacer una generalización resulta muy difícil, porque habrá personas que se encuentren muy informadas al respecto, y otras que no tengan ni la menor idea de ello.

Para poder resolver un problema de gran magnitud, primero hay que conocer cuáles son los factores que la generan. Lo mismo ocurre en el caso de la pobreza. Desde sus orígenes, durante las sociedades preindustriales, los motivos han ido variando y evolucionando, ya que las condiciones han venido ajustándose a los cambios registrados en los mercados de cada país y en el efecto de los cambios internacionales. De esta manera, al buscar la causa de la pobreza se ha ahondado en un debate que no tiene una razón o sendero único, sino que por el contrario, es un cúmulo de motivos.

A lo largo de la historia, la pobreza se ha visto relacionada con aspectos como pueden ser los cambios tecnológicos de las sociedades. Con la incorporación de nuevas herramientas y soluciones, han sido muchas las personas que han venido quedándose sin empleo, y al no poder reciclarse en el mercado laboral, han caído en situación de pobreza. Una causa a la que se deben sumar otras como aspectos institucionales, conflictos corporativos y aspectos culturales.

El amplio abanico de posibilidades no ha descartado otras opciones como las deficiencias del mercado laboral (incapaz de ofrecer oportunidades a todos los ciudadanos) y el estado del bienestar (aprovechado por algunos para recibir las ayudas del gobierno y no verse en la necesidad de mejorar sus condiciones). Evidentemente, también se han puesto sobre la mesa el debate sobre las migraciones, las relaciones raciales, la creación de subculturas y la destrucción de la familia tradicional.

Ante el extenso margen de opciones que se pueden ocultar detrás de la pobreza, y con el objetivo de limitar el ámbito de estudio, se han creado tres grandes categorías: la primera, que resume todos los aspectos que llevan a una dislocación estructural; la segunda, que se centra en el dualismo estructural, y la último, en la exclusión institucional. Con estas clasificaciones se ha buscado dejar atrás algunas hipótesis sobre la pobreza que al final se convirtieron en armas políticas.

En concreto, se hace referencia a las presuntas causas biológicas. A pesar de que contaron con el respaldo de pensadores como William Julius Wilson, Anthony Giddens y Charles Murray, terminaron llevando a conceptos como las *underclass,* es decir, las clases sociales degradadas y excluidas socialmente que ya no pertenecen a ninguna de las clases establecidas de la sociedad.

Tras siglos de estudios, teorías, clasificaciones y análisis sociales, la pobreza aún no ha desaparecido de las sociedades, por lo que finalmente habría que determinar la siguiente cuestión:

💬❓

¿Es posible encontrar con precisión las causas exactas que generan la pobreza en la sociedad actual?

Con toda rotundidad, debo responder que no. La razón es que, obviamente, cada sociedad tiene sus propias particularidades idiosincrásicas que la definen, y por lo tanto la hacen ser singularmente de una naturaleza, que ocasiona que las causas el impacto que pueda poseer la pobreza ahí, sea diferente a la de otra región geográfica, dejando aparte las propias inherentes al clima, los recursos naturales etc. Aunque se puede llegar a decir que al menos existen puntos comunes que pueden favorecer la pobreza, como pueden ser la educación, el impedimento al acceso en igualdad de oportunidades mínimas etc., a muchos de los bienes y servicios necesarios para poder alcanzar un mínimo grado para poder tener lo que se viene entendiendo como una vida digna.

💬❓

De ser así, ¿una vez determinada se podría llegar a una erradicación plena de la pobreza?

Sí, con toda seguridad. Entre los especialistas —al menos en su mayoría— no hay en realidad un debate serio en contra; no existe controversia porque coinciden en que es perfectamente alcanzable el objetivo de conseguir la erradicación de la pobreza de una manera sostenible, siempre y cuando exista un verdadero interés en el compromiso de realizar todas y cada una de las medidas necesarias que se precisan para alcanzar esa erradicación. Pero parece que todo indica que esta unidad de acción por parte de los gobiernos no se encuentra entre sus prioridades, y por lo tanto, sin esta implicación, es absolutamente imposible el poder conseguir este objetivo.

Pensar que el crecimiento económico de un país equivale a la reducción de la pobreza es un mito. Al menos, esa es la postura que afirma el Programa de las Naciones Unidas para el Desarrollo (PUND). En este sentido, indica que tampoco tiene una repercusión directa en aspectos como la promoción de la igualdad, o incluso en la generación de puestos de empleo. Basados en este principio, el modelo económico que podrá ayudar a reducir la pobreza en el mundo no es aquel que más dinero genere, sino el que "invierta en las personas y las instituciones".

Estudios publicados por la Organización para la Cooperación y el Desarrollo Económicos (OCDE) respaldan la teoría planteada por el PUND. A través de un análisis demostraba que, a pesar de la evolución positiva de la economía en Estados Unidos entre 1985 y 2012, el nivel de desigualdad social y pobreza seguía incrementando significativamente en el país norteamericano.

Citando al profesor de economía de la Universidad Complutense, Alfonso Novales: "El crecimiento económico influye sobre la asignación de recursos entre sectores productivos, sobre los precios relativos de los bienes, sobre las remuneraciones que reciben los factores productivos trabajo, capital físico, capital humano, tierra y, por consiguiente, también sobre la distribución de la renta. Salvo que esta creciera en la misma proporción para todos los ciudadanos, su distribución variará con el crecimiento".

Ahora bien, se podría pensar que los países que apuestan de forma sólida por el estado del bienestar podrían estar bien posicionados en el estudio, pero la situación es otra.

El mismo informe apuntaba que España era el séptimo puesto en desigualdad, en términos de su Coeficiente de Gini, pero en el cuarto puesto en su múltiple entre lo que tienen el 10% más rico comparado con lo que tienen el 10% más pobre. Bastante por encima del promedio de la Organización para la Cooperación y el Desarrollo Económicos en las dos medidas.

En este sentido, la lucha contra la pobreza parece pasar por aspectos fundamentales como el destinar más inversión a la formación, capacitación y promoción del capital humano del país, sin olvidar una promoción a la generación de empleo que permita que el talento profesional cuente con salidas laborales y no se vea obligada a caer en una situación de marginalidad o inmigración. En la misma línea, se recomiendan un sistema de impuestos y prestaciones optimizado y unos servicios públicos capaces de atender a toda la demanda nacional.

La hoja de ruta puede encajar en diversos modelos económicos que se han analizado a lo largo de la obra. En este sentido, habría que dejar claro lo siguiente:

¿Existe algún modelo económico que históricamente haya demostrado su capacidad de reducir a mínimos la pobreza?

Como bien se señala en el preámbulo y he expuesto en respuestas anteriores, el crecimiento económico no tiene nada que ver con el desarrollo económico y su consecuente mejoramiento económico de la población que integra una sociedad. Lo que ya ha quedado demostrado en China, es que la mejora económica tiene su base en la educación y la sanidad como sus pilares fundamentales, además de en otras medidas que deben adoptarse en acompañamiento de ellos. También viendo los casos de Singapur e Islas Mauricio, se ha podido observar que los gobiernos que son desarrolladores, esto es, que se implican en la formación de empresas que conforman sectores industriales sostenibles, resultan ser una manera de crear riqueza, que haga que la pobreza disminuya en esos lugares.

¿Es necesariamente una política centralizada y basada en las ayudas sociales el único camino para eliminar la pobreza?

Bueno, centralizada o no, es evidente que las políticas sociales ayudan a paliar las necesidades de las personas, aunque siempre hay que tener presente que lo que realmente puede hacer que salgan de esa pobreza es que puedan lograr obtener recursos económicos a través de ellos mismos, y no solamente de esas ayudas sociales. Pero sí se puede decir que, indiscutiblemente, es el inicio para poder salir de dicha pobreza.

África es la región más perjudicada por la pobreza mundial. Los datos de la Agencia de la ONU para los Refugiados (UNHCR ACNUR) revelan que, de los 48 países más pobres del mundo, más de tres cuartas partes se encuentran en el continente africano. Es decir, más de la mitad de los países del continente destacan por los bajos índices de desarrollo, la desigualdad social y la pobreza de sus ciudadanos. Una situación que ha llevado a que en una decena de ellos estén decretados escenarios de "emergencia humanitaria".

Según el informe de la ONU, el país más pobre del mundo es la República Centroafricana. Los conflictos armados de los últimos años han imposibilitado la normalización de las ciudades o de sus habitantes, aspecto a los que se suman la alta tasa de natalidad a pesar de que muchos de los jóvenes han sido obligados a convertirse en soldados durante las guerras libradas.

Al listado de los destinos con el mayor índice de pobreza se suman países como Burundi, donde el 65% de la población vive bajo el umbral de la pobreza y cuatro millones y medio de personas padecen inseguridad alimentaria, o la República Democrática del Congo, donde más de siete millones de congoleses sufren de hambre o están en riesgo de padecer hambre. Sin olvidar las trágicas situaciones de pobreza que se atraviesan en Liberia, Níger, y Malawi, este último país con el 50,7% de la población bajo el umbral de la pobreza.

El listado de la Agencia de la ONU para los Refugiados no se olvida de la precaria situación de Mozambique, Guinea, Eritrea y Guinea–Bissau. Curiosamente, Guinea es uno de los países más ricos en recursos como minerales (bauxita), diamantes, oro y aluminio, a lo que se suma su economía basada principalmente de la agricultura y minería. No obstante, los niveles de pobreza y desigualdad alcanzan escenarios inimaginables.

Las desigualdades sociales también están presentes en las sociedades latinoamericanas, como nos ha enseñado la historia vivida por Honduras, Guatemala, Brasil o Colombia. No obstante, es cierto que los niveles aún se encuentran en escenarios más controlados que en las naciones africanas.

Con África como epicentro de la pobreza mundial y uno de los lugares donde se requiere de una solución más urgente, sería de interés general poder definir lo siguiente:

¿A qué se debe que estos países de África se caractericen por sus niveles de pobreza?

Sin ningún género de dudas, se debe expresar con total rotundidad, como ya he señalado anteriormente, que a una pésima gestión económica de sus gobiernos.

¿Cómo lograron algunos de los países más pobres del mundo escapar de esa situación? ¿Es una estrategia viable para África?

Los países que han podido revertir ese estado de necesidad lo han podido conseguir porque sus gobiernos han adoptado una serie de medidas económicas adecuadas para poder hacerlo, y en ese sentido se han comprometido a tener una disciplina de algunas décadas. Estoy absolutamente convencido que eso se puede poner en práctica en cualquier lugar. Por supuesto, también en África, aunque se debe tener presente que los gobiernos de esos países, deben siempre conducirse de una manera pertinente, basadas en la gobernanza, lejos de prácticas que puedan ocasionar que sea imposible poder alcanzar ese objetivo.

Para combatir a la pobreza, primero hay que escoger con cuidado cuáles serán las armas que se emplearán en su contra. El Banco Mundial diseñó, a través de un estudio que dio a conocer en 2016, cuáles son las estrategias de alto impacto para poner fin a la pobreza extrema para el año 2030. En concreto, diseñaron cinco áreas en las que trabajar para lograr el objetivo común, algunas de ellas destinadas a la población más importante: los jóvenes.

Según el plan del Banco Mundial, el primer paso es garantizar el desarrollo y la nutrición en la primera infancia. Una iniciativa que promueve la ayuda a los niños durante los primeros 1000 días de vida, justamente el período clave para evitar que el organismo genere deficiencias nutricionales o la falta de desarrollo cognitivo. De esta manera, hay una reducción en las posibilidades de bajo rendimiento escolar en los años posteriores.

También plantean la necesidad de disponer de un acceso universal a educación de calidad (durante los últimos años se ha visto cómo han ido mejorando los registros de educación y escolarización de los infantes), así como de cobertura universal de salud (servicios asequibles y oportunos de atención de la salud) y una tributación progresiva (para que permitan financiar las políticas y los programas del gobierno).

La "última bala" del Banco Mundial es la apuesta por el desarrollo de la infraestructura rural, debido a que la construcción de vías rurales reduce costos de transporte, conecta a los agricultores con los mercados y promueve el acceso a las escuelas y los centros sanitarios.

A pesar de los lineamientos generales planteados por el Banco Mundial, en cada uno de los países hay políticas enfocadas hacia la reducción de la desigualdad social, promoción de oportunidades de desarrollo profesional y personal, impulsos al mercado laboral y a la inclusión. Un esfuerzo donde ha sido fundamental una adaptación a las características de la propia sociedad para lograr su implementación extendida por la sociedad. No obstante, algunos esfuerzos han ofrecido mejores resultados que otros, por lo que habría que definir esto:

————————————— 🗩 —————————————

¿Cuáles son las estrategias internacionales que más impacto han tenido en la lucha contra la pobreza?

Sin duda las que se han puesto en práctica en China, Singapur e Islas Mauricio, y que han situado a alguno de estos países a la misma vanguardia del poder económico mundial.

————————————— 🗩 —————————————

Ante los efectos de la globalización y la evolución de los mercados, ¿se han modernizado también las políticas contra la pobreza?

Claro que sí. Hoy en día se tiene una capacidad de poder alcanzar una serie de posibilidades, a través de las nuevas tecnologías, que permiten tener un conocimiento de la situación casi en tiempo real. Además, podemos hacer unas previsiones que de las que antaño resultaba muy dificultoso disponer. Se trata, en la práctica, de muchas de esas necesidades que se precisan para poder realizar una gestión oportuna, en tiempo y manera, pues la información es indiscutible, y resulta precisamente ser de una manera especial —absoluta, primordial— para realizar cualquier tipo de gestión adecuadamente. Aparte de que también ahora se pueden tener al alcance medios que puedan ayudar, y propiamente poder realizar dicha gestión de una manera más eficaz a través de —por citar tan solo unos ejemplos— la logística y el transporte.

La población más vulnerable, en un entorno de pobreza, son los niños. La Agencia Europea de Estadísticas (Eurostat) afirmaba en 2013 que los menores de 18 años representaban el grupo de población con mayor riesgo de pobreza o de exclusión social en la Unión Europea. Específicamente, aclara que, según los datos recopilados, el 27% de los menores de 18 años que viven en la UE estaban en esta situación, frente al 24% de los adultos. Una cifra que es considerablemente superada en España con un 30,6% de los menores en situación de riesgo.

La vulnerabilidad de los más pequeños no es una situación que se enmarca tan solo en Europa. Los resultados del estudio ejecutivo titulado *Pobreza y derechos sociales de niñas, niños y adolescentes en México 2010-2012* indican que el 53.8% de las personas de cero a 17 años de edad se encontraban en esta situación, es decir un total de 21,2 millones de personas.

Es una tendencia que se agrava con los niños indígenas. El Consejo Nacional de. Evaluación de la Política de Desarrollo Social (Coneval) y el Fondo de las Naciones Unidas para la infancia (UNICEF) puntualizan que ellos son los más afectados por este flagelo, ya que ocho de cada 10 está en esta condición. Si se hace un análisis más general de la región, las estadísticas de la Comisión Económica para América Latina y el Caribe (CEPAL) no son más optimistas.

La organización precisa que el 40,5% de los niños, las niñas y los adolescentes en América Latina y el Caribe viven en condiciones de pobreza, ya sea moderada o extrema. Esto supone que la pobreza infantil total en el continente latinoamericano afecta a 70,5 millones de personas menores de 18 años. Ahora bien, no hay que pasar por alto que, según datos del Fondo de las Naciones Unidas para las Mujeres (UNIFEM), hasta el 70% de las personas en estado de pobreza en el mundo son mujeres.

Con una evidente tendencia internacional hacia la vulnerabilidad de las poblaciones más jóvenes, indiferentemente de su ubicación o país, habría que plantear lo siguiente:

¿Qué medidas se han implementado para proteger a los niños y niñas en situación de pobreza?

En Europa, en la mayoría de los países que la integran se ha legislado en el sentido de poder disponer de leyes que protejan los derechos de los niños, creando por ello una especial situación amparo y auxilio a estas personas, que por su corta edad pueden padecer una mayor vulnerabilidad en todos los aspectos. Luego está el asunto de que si en realidad son suficientes, y si en la práctica son eficaces, pues resulta evidente que existe un gran número de niños que padecen unas condiciones lamentables en aspectos como vivienda, higiene, alimentación, educación y un largo etcétera. Se puede añadir la evidencia de que no pueden acceder a unas condiciones similares a otros niños, y por tanto todo ello hace pensar en que se puede lógicamente colegir que aún todas estas medidas son manifiestamente mejorables, y que realmente queda mucho por hacer.

¿Están teniendo el impacto previsto para reducir la vulnerabilidad de los más jóvenes?

Se debe señalar que tenemos que reconocer, a tenor de lo que se puede comprobar, que en realidad, en la práctica y por lo general, su impacto no resulta ser óptimo, pues es evidente que el porcentaje que debería alcanzar en dichas medidas de efectividad, obviamente convendría que fuera alrededor del cien por cien, e indiscutiblemente se encuentra bastante alejado de esa cifra.

El debate de cómo solventar la problemática de la pobreza no pasa por debajo de la mesa. Los ministros de energía de los países que integran el G20, que se reunieron a mediados de 2018 en ciudad argentina de San Carlos de Bariloche, reafirmaron su compromiso de promover el acceso universal a la energía, con especial énfasis en la necesidad de erradicar la pobreza energética.

En este sentido, reconocen que "la energía está en el corazón del crecimiento económico y el desarrollo sostenible", señalan los ministros de los Estados en el extenso documento final resultante de las sesiones plenarias. En esta línea, insisten en que seguirán avanzando para "promover el acceso universal a la energía", lo que permitirá "erradicar la pobreza energética y garantizar la igualdad de género en toda la cadena de valor".

El plan que se ha diseñado por las principales potencias económicas del mundo plantea que "fomentar la cooperación en el acceso a la energía en áreas remotas y afectadas por un desastre es particularmente importante. También reconocemos la necesidad de brindar acceso a las personas desplazadas".

A través de un comunicado común, los ministros de energía más importantes del mundo adelantan sus deseos de "seguir avanzando en el acceso a la energía, incluso a través de la implementación mejorada de los planes regionales del G20 y el aumento del financiamiento internacional para el acceso, en particular para aquellos países que tienen recursos financieros limitados".

Con el objetivo de crear un entorno más favorable que permita una salida más rápida y más fácil de la pobreza, las Naciones Unidas y el grupo intergubernamental de expertos sobre el cambio climático también están trabajando a favor de reducir el impacto del calentamiento global. En especial en aquellas zonas donde resulte más difícil que el país y su población tenga capacidad de reacción para hacer frente a desastres naturales.

"Las medidas que se deben aplicar son de mitigación de los efectos y de adaptación para aquellos afectados por los cambios que puedan ocurrir por el calentamiento", apuntan. No obstante, recuerdan que "tener la capacidad de reaccionar, sin embargo, no es posible para todos, y por ello las regiones que tengan más recursos económicos deberían ayudar a aquellos en dificultades".

Con las grandes economías del mundo pensando en cómo ayudar a los países pobres y en vía de desarrollo, habrá que ahondar en los planes a futuro para determinar lo siguiente:

Además de la energía y el medio ambiente, ¿qué otros sectores requieren de la ayuda de los países desarrollados para combatir contra la pobreza?

Sin duda, el poder tener acceso a la energía es fundamental para llegar a alcanzar una vida digna. Aunque también hay que señalar que la vivienda, una alimentación adecuada, sanidad y agua potable son algunas de las necesidades que, junto con la educación, las personas deben tener a su disposición para poder desarrollarse.

¿Un trabajo coordinado del G20 podría cambiar el destino de la pobreza en el resto del mundo?

El G 20, integrado por los 20 países más desarrollados del mundo, indudablemente posee un peso específico económico suficiente para poder adoptar medidas que sean eficaces en lo relativo a la pobreza en el mundo. Sin embargo, cabe destacar que existen unos organismos supranacionales que pueden realizar esa medidas, ya que incluso algunos de ellos,han sido creados precisamente con ese objetivo. Lo que resulta obvio es que, en realidad, se disponen suficientemente de los recursos financieros y alimentarios para poder erradicar la pobreza, si es que existe un compromiso firme en el sentido de implementar medidas eficaces conducentes a conseguirlo.

La mundialmente reconocida presentadora Oprah Winfrey cuenta con un patrimonio de unos 2800 millones de dólares. A pesar de que su vida parece estar llena de éxitos, no siempre fue así. La protagonista de *The Oprah Winfrey Show* proviene de una familia pobre en el estado de Mississippi. Con una beca en la Universidad Estatal de Tennessee, Oprah se preparó para cambiar su destino, e incluso el de la historia, al convertirse en la primera corresponsal afroamericana de televisión del Estado. Su historia de superación no es un caso aislado.

Las habilidades circenses suelen ser una forma de ganarse la vida entre las poblaciones más humildes. Sin embargo, Guy Laliberté lo llevó al siguiente nivel, logrando pasar de ser un "tragafuegos" al fundador del reconocido Cirque du Soleil. El canadiense, que suma una fortuna de 1190 millones de dólares, ha encontrado en el emprendimiento una fórmula para abandonar la pobreza.

Una situación muy simular es la vivida por el fundador de Excel Communications, quien solo pudo pagar su formación en la Universidad de Southern Illinois vendiendo seguros de vida. No obstante, tampoco se puede pasar por alto la magnífica historia de Mohed Altrad, el presidente del club de rugby de Montpellier, que sobrevivió con una comida diaria cuando se mudó a Francia. Nació en una tribu nómada en el desierto sirio, de una madre pobre que fue violada por su padre y que murió cuando él era joven. Fue criado por su abuela, quien le prohibió asistir a la escuela en Raqqa. Sin embargo, Altrad logró recibir educación. Cuando se mudó a Francia para asistir a la universidad, no sabía francés. Pese a ello, obtuvo un doctorado en informática, trabajó para algunas de las más grandes empresas francesas, y finalmente compró una empresa de andamios en quiebra, que transformó en uno de los principales fabricantes de andamios y mezcladoras de cemento a nivel mundial, Altrad Group.

El listado de casos similares se extiende a lo largo de la historia moderna, demostrando que la proactividad, el esfuerzo y las ganas de llegar más alto pueden cambiar el rumbo personal y dejar atrás la pobreza. Gracias a personas con hambre de autosuperación han nacido compañías como Starbucks, Forever 21, Polo y WhatsApp.

Como resulta evidente que no se trata de casos aislados o centrados en un solo país, resulta necesario determinar lo siguiente:

¿Es posible fomentar el emprendimiento entre las clases más necesitadas como una herramienta para fomentar la autosuperación?

Esos hechos que conforman la historia de los grandes casos de superación, de todo tipo de dificultades existentes, datan su inicio —al menos el conocido— desde hace centenares de años. El emprendimiento a veces es la única vía real que se puede tener, pero siempre hay que tener presente el hecho de que hay que tener muy en cuenta el sector en el que se vaya a entrar, pues existen sectores que no aguantarán una entrada en él. Además, se debe señalar de que si en realidad, en la práctica, se realiza un emprendimiento masivo en cualquier sector, obviamente esto provocará, al aumentar el número de competidores, que los posibles beneficios adecuados que se deben tener para la supervivencia de toda la empresa, no puedan ser sostenibles si se pueden llegar a alcanzar, consecuencia evidente de una excesiva partición del mercado, la cual ocasionará indudablemente que el trozo del pastel de este —hablando de una manera coloquial— no pueda ser suficiente para poder permanecer con las condiciones empresariales mínimas. Estas serán las necesarias para competir, con cierta posibilidad de triunfo, ante los competidores.

¿Qué patrón común se podría extraer de las historias de éxito expuestas para intentar replicar la situación a gran escala?

Se suele decir que para poder alcanzar algo, a menudo se debe estar en el sitio oportuno, con la persona adecuada y en el momento preciso. Esto es algo irrefutable que ayudará, aunque en realidad siempre hay que tener en cuenta que es el trabajo —o más concretamente, la manera en que se desarrolla—, el que indiscutiblemente, en la práctica, permite alcanzar ese éxito. Definir de manera general un patrón que se pueda señalar como infalible para poder alcanzar el éxito empresarial, realmente resulta ser algo que, con sinceridad, aún se encuentra lejos de nuestro alcance. Se debe tener presente que los mercados son cambiantes, y que además cada mercado tiene sus propias particularidades, por lo que hay que evolucionar en función precisamente de cada mercado. Sin embargo, sí que se puede decir, lógicamente, que la empresa siempre tiene que atender los requerimientos de posibles huecos que pueda ofrecer el mercado, y hacerlo además con una adecuada gestión competitiva y eficiencia en su propia labor. La razón es que, sin esto, es evidente que aunque se pueda tener una idea de negocio fantástica, será muy difícil que teniendo una mala gestión de los recursos empresariales y de su entorno, se pueda tan siquiera poder llegar a perdurar en el mercado.

En la lucha contra la pobreza, el Banco Mundial ha apostado por poner su grano de arena por medio del financiamiento de proyectos que pueden tener efectos transformadores en las comunidades. Una iniciativa que, además, sirve como experimento, ya que ayuda a la recopilación y al análisis de los datos para determinar cuáles son las fórmulas que han logrado un mayor efecto positivo, y que son replicables para el resto del mundo, sin dejar fuera a la vinculación de los gobiernos, entendiendo que son los encargados de poner el esfuerzo en políticas más inclusivas y eficaces que beneficien a todas las poblaciones.

El Banco Mundial ha concentrado sus esfuerzos en tres áreas: crecimiento, inversión y protección. Para el desarrollo de la primera, cuentan con tres proyectos innovadores en Nigeria (ayudando a los agricultores, especialmente a mujeres, a aumentar la productividad de sus cultivos de arroz, mandioca y sorgo), Chile (evaluando los posibles efectos de las reformas tributarias en el aumento de la equidad y mejorando la calidad y el acceso a la educación terciaria y a la salud), y Panamá (promoviendo la inclusión social mediante el aumento de los ingresos de los pequeños productores en zonas con elevados índices de pobreza que incluyen regiones indígenas del país).

Para el área de inversión, el Banco Mundial ha apoyado al acceso a la educación primaria de 8500 niños de Mongolia, gracias al beneficio generado a partir de la implementación de innovaciones en la crianza del ganado. También han ayudado a la reconexión de las zonas remotas de Afganistán o el análisis de las diferencias económicas en Bangladesh, Croacia, la República de Serbia y Vietnam para ayudar a las autoridades a focalizar mejor las políticas y los programas dirigidos a los más pobres y cuyo fin es beneficiar a estas comunidades.

Finalmente, para la protección de las clases más vulnerables, el Banco Mundial participó en un proyecto de electrificación rural en Mozambique para apoyar la expansión de los programas de energía solar fotovoltaica (así como contribuir a la construcción de nuevas líneas de transmisión y redes de distribución, lo que ha permitido ampliar el acceso a la electricidad), ampliación del programas de transferencia de ingresos para los desempleados y para las familias sin hijos en Argentina, y recolección de datos de alta frecuencia, como *Listening to Africa* y *Listening to Tajikistan* para complementar las encuestas de hogares tradicionales y ayudar a identificar necesidades urgentes de la población.

Con años de esfuerzo e importantes sumas de dinero destinados a combatir la pobreza desde el crecimiento, inversión y protección, cabe plantearse lo siguiente:

¿Son estas las tres áreas fundamentales para lograr reinvertir las diferencias sociales?

Estos tres criterios jerárquicos fundamentales como son el crecimiento, la inversión y la protección. Es indiscutible que pueden ser unos muy buenos factores a tener en cuenta para desarrollar un programa de desarrollo económico, pues estos factores fundamentales pueden hacer que se pueda conseguir un desarrollo sostenible. Sin que este tipo de programas puedan alcanzar una sostenibilidad, no serán más que unas medidas paliativas, y nunca podrán conseguir que se pueda realizar un desarrollo que pueda tener su evolución propia y sin amparo alguno de entidades externas para poder conseguirlo.

¿Qué otras áreas sería fundamental tomar en cuenta?

El crecimiento hace alusión al *real performance* que puede llegar a tener la inversión, o sea, su efectividad. La inversión alude a lo que realmente va a ser en definitiva el perfil de esa inversión, o sea, su generación de fondos. La protección atañe a todo lo que en realidad puede afectar a dicho plan en cuanto a posibles amenazas que pueda hacer que, en la práctica, no pueda alcanzar el objetivo fijado. Dentro de estos tres grandes factores que fundamentan dichos planes se encuentra todo lo que puede afectar realmente, en la práctica, a cualquier plan de este tipo. Aunque yo añadiría que habría que promover la creación de un clima de motivación en todo lo que afecte a este plan, para que así se pudiera lograr conseguir un grado de implicación que favoreciera la excelencia.

El tiempo es un aspecto crucial a considerar para superar la pobreza. Como es común en los problemas más complejos, su solución requiere de la capacidad de esperar que todos los esfuerzos realizados comiencen a florecer por sí mismos. De ahí que el estudio titulado *¿Un elevador social descompuesto? Cómo promover la movilidad social,* elaborado por la Organización para la Cooperación y el Desarrollo Económico (OCDE), indique que para salir de la desigualdad social, hace falta el paso de varias generaciones.

Por ejemplo, el informe asegura que Colombia es la nación en la que un niño tiene menos posibilidades de salir de pobre. Las previsiones apuntan a que se necesitan cinco generaciones para que una familia supere la pobreza y unas once para que alcance un ingreso medio. En términos generales, la OCDE prevé que, en promedio, para que una familia de ingreso bajo llegue al ingreso medio hacen falta cuatro o cinco generaciones.

El estudio puntualiza que "las perspectivas de movilidad salarial entre las generaciones, suelen ser más desfavorables en los países donde la desigualdad en los ingresos es alta y más favorables en los países con menos desigualdad. En los países nórdicos se combinan la poca desigualdad y la alta movilidad, mientras los latinoamericanos y algunas economías emergentes tienen una gran desigualdad, pero poca movilidad".

De ahí que en los países nórdicos solo se necesiten de dos a tres generaciones, mientras que en otros de economías emergentes hacen falta hasta nueve o más. Gabriela Ramos, asesora especial de OCDE, reveló que son Colombia (11 generaciones) y Brasil (9) los peores posicionados. Un argumento que revela que los ingresos, la profesionalización y el nivel educativo se transmiten de generación en generación. "Menos gente en la parte inferior de la pirámide social ha podido ascender, mientras los más ricos han mantenido sus grandes fortunas, lo que tiene graves consecuencias sociales, económicas y políticas".

La investigación permite aclarar que otros de los países más estancados en movilidad social son Chile, Francia y Alemania, donde se necesitan seis generaciones para que una familia en la base de la escala social suba de nivel. En Brasil y Sudáfrica son nueve generaciones, o sea que deben esperar unos 330 años para superar la pobreza. En cambio, en Dinamarca, Noruega, Finlandia y Suecia solo hacen falta dos o tres generaciones.

Conscientes de que la salida de la pobreza no será a corto plazo, habría que determinar algunos aspectos clave:

¿Existe alguna fórmula para lograr que las poblaciones más vulnerables de los países en desarrollo logren acortar el número de generaciones que deben esperar para salir de la pobreza?

Es una pregunta que no es baladí, y que realmente es importante. El tiempo es un bien fungible, ya que todos y todo tiene un horizonte temporal que difícilmente se puede ampliar. Y además, se ha de tener presente que estar en una situación mala hace, evidentemente, que el percebimiento del tiempo pueda ser distinto al que se pudiera tener con una situación favorable. Pero dicho esto, y contestando a la pregunta sin más dilación, debo decir que solo existe el buen trabajo, una adecuada disciplina y que se pueda contar con el factor que se puede denominar "de oportunidad". Esto es, poder tener las personas idóneas en el tiempo y los lugares pertinentes, para que de esta manera se puedan llegar a realizar las labores necesarias, eficazmente.

¿Existen planes nacionales a más de 300 años vista para garantizar la salida de toda la población nacional de la pobreza? ¿Se podrían diseñar?

En aras de la realidad, se debe señalar que ese horizonte temporal resulta del todo imposible de abordar. Los matemáticos conocen muy bien lo que es el caos determinístico, que dicho resumidamente demuestra que en un futuro la característica consiste en poseer una relación inversamente proporcional entre su acierto y el tiempo. Se debe tener presente que cuanto más alejado sea, obviamente será más compleja su previsión. Existen tantos factores que en realidad afectan a que ese hecho pueda darse dentro de ese plazo futuro, que se pretende señalar que incluso muchos de ellos ni siquiera serán tenidos en cuenta en dicha previsión, a causa de su imposibilidad, y verdaderamente son importantísimos para que su afección implique que ese hecho futuro planificado se materialice y pueda cumplirse en ese momento presupuestado. Resulta del todo imposible poder llegar a realizar una planificación con un cierto grado de fiabilidad, con una solvencia real, pues en realidad es evidente que cuanto más nos adentremos en el futuro, más circunstancias pueden darse que afecten a aquello presupuestado, que hagan que finalmente no sea, en modo alguno, aquello que se dé, ni tan siquiera parecido a ello.

Las empresas no pueden tener un papel pasivo. Desde el Observatorio Empresarial contra la Pobreza, a través del informe *Negocios inclusivos y empresas españolas, el momento de no dejar a nadie atrás*, asegura que "los negocios inclusivos son una oportunidad práctica para que las empresas españolas den respuesta a los retos sociales que plantean los objetivos de desarrollo sostenible (ODS) desde sus modelos de negocio". Además, precisa que "la sociedad, el mercado y las nuevas generaciones buscan una actuación empresarial consciente e implicada en la resolución de los retos sociales".

Entre las conclusiones del informe aludido, el Observatorio Empresarial contra la Pobreza admite que conviene a la empresa ocuparse de su impacto social, por que influye en su rentabilidad y en sus estrategias a futuro.

De esta manera, enumera algunos de los beneficios que podrá recibir a través de su lucha contra la pobreza y la desigualdad social: "ventaja competitiva, que les refuerza en su posición de liderazgo, reputación positiva de marca, mitigación de riesgos, atracción de talento y retención de empleados, legitimidad en el mercado local o licencia para operar, estabilidad, calidad y productividad de la cadena de suministro, diversificación de la cartera de productos y servicios, fomento de la capacidad innovadora de la empresa y valor frente a los inversores".

La investigación no pasa por alto que "los negocios inclusivos pueden aportar una nueva solución a los retos de vulnerabilidad que existen en España, donde modelos empresariales actúen de forma complementaria a las políticas públicas". Así mismo, ha dejado claro que "existen tendencias en España que refuerzan el impulso de los negocios inclusivos, como es el caso de la economía social, el emprendimiento social y la generación del valor social de las empresas".

En la misma línea, el Observatorio Empresarial contra la Pobreza apunta que, pese a que los negocios inclusivos son ya una realidad creciente en España, se necesita mayor impulso y un ecosistema que los facilite: acceso a la financiación, crear un marco regulador favorable, fomentar el desarrollo de capacidades y la gestión de conocimiento, potenciar el acceso a mercados y la promoción de alianzas estratégica.

Con las conclusiones del informe Negocios inclusivos *y empresas españolas, el momento de no dejar a nadie atrás* del Observatorio Empresarial contra la Pobreza a mano, habrá que determinar lo siguiente:

¿La participación activa de las empresas podrá ayudar a complementar los esfuerzos de los Estados y acelerar el proceso de erradicación de la pobreza?

Es obvio que cuantos más agentes participen en la erradicación de la pobreza, *mejor* será, pues este proceso de erradicación debiera tener vocación de ser definitivo, y para ello, evidentemente, debe ser sostenible. Por lo tanto, las medidas que se adopten deberán contar con el apoyo del mayor número que sea posible de organismos, sociedad civil, etc., que participen de una manera activa en ese compromiso, para poder lograr alcanzar las metas señaladas para este objeto. Porque sin ese apoyo es imposible que puedan perdurar esas acciones necesarias que se deben realizar, y por lo tanto, si es que, realmente se pudiera llegar a alcanzar esa erradicación, es seguro que en cierto tiempo se volvería a tener esos estados de pobreza.

¿En qué países se percibe una sinergia funcional entre empresas y Estado para combatir la pobreza y desigualdad social?

Curiosamente, este tipo de relación simbiótica se percibe de una manera bastante patente en los países desarrollados. En lo que se viene a denominar como países subdesarrollados, este tipo de sinergias es casi imposible el poder percibirlas, aunque en honor a la verdad, se debe señalar que en lo relativo a lo que es en sí realmente el aspecto de las desigualdades sociales, es en la práctica absolutamente inexistente, pues, es palmario que la brecha de la desigualdad, día a día va creciendo más.

La pobreza y la religión mantienen una relación que aún no se termina de descifrar. Los estudios han encontrado que existe una relación entre la riqueza de la población y el nivel de su creencia espiritual, indiferentemente de la fe que se procese en el país donde se han realizado los análisis. De esta manera, la tendencia general apunta a que las naciones en las que existe una mayor vocación religiosa, el nivel de pobreza es mayor, frente al que se registra en los países mayoritariamente laicos.

Una encuesta realizada en 2010 por Gallup Inc apunta que las naciones con las tasas más altas de creencia religiosa son Bangladesh, Níger, Yemen, Indonesia y Malawi, siendo los que también en los listados internacionales de los países más pobres del mundo. Ahora bien, no se trata de un factor relacionado con una fe en particular, ya que a pesar de que cuatro de los cinco ejemplos nombrados son mayoritariamente musulmanes, en Malawi predomina el catolicismo.

Al contrario, los países que destacan por contar con un perfil mayoritariamente laico han obtenido unos resultados económicos más estables. Los ejemplos más representativos, según el estudio, son China, Estonia, República Checa, Suecia y Dinamarca. Se trata de un listado que cuenta con un producto interior pruto per cápita que oscila entre los 15 399 dólares y los 47 985 dólares, una cantidad que queda por debajo de los 2375 y 1134 dólares que se perciben en Yemen y Malawi.

Otro dato importante a tomar en consideración es que la encuesta realizada por WIN/Gallup International, apunta que el 62% de la población mundial declara que la religión tiene importancia en sus vidas, es decir unos 4712 millones agrupados entre cristianos, musulmanes, budistas, hindúes, judíos y otros. Para obtener estos datos internacionales se ha tenido que realizar 66.000 encuestas en 68 países

Además, la encuesta de WIN/Gallup International también muestra una correlación entre el nivel educativo y la religiosidad. Es decir que el 83% de las personas con bajos niveles de formación se declaran religiosos, contra el 49% entre los mejor educados. Ante los datos aportados por los estudios internacionales, cabe hacerse la siguiente pregunta:

¿Cómo podría influir la religión en la generación de riqueza de los países y de sus ciudadanos?

Se debe reconocer que una religión de cualquier índole y en cualquier lugar, siempre basa su fundamentación en la imposición de una férrea disciplina para sus integrantes, en un marco de adoctrinamiento de cualquier clase. Esto —es indudable— hace que que todo lo que se encuentre fuera de ese marco de pensamiento, quede fuera inmediatamente y sea proscrito. Obviamente, como suele ser habitualmente por lo general, este marco de pensamiento se suele encontrar bastante anclado al pasado, y por tanto hay muchas ocasiones en las que lo novedoso, que choca frontalmente con él, lógicamente impide en demasiadas ocasiones ese avance que pudiera permitir lo nuevo, que no está siendo aceptado por la susodicha religión. Muestra de ello lo podemos observar con claridad en la Edad Media europea.

La comunidad católica ha sido una de las que más se ha volcado en la ayuda a las clases más pobres y excluidas de la sociedad. No solo por medio de las grandes y reconocidas organizaciones como Cáritas o *Cor Unum,* sino por las labores más modestas que se van ejecutando desde las diferentes parroquias. No se trata de una tendencia moderna, sino que ha ido acompañando a la institución religiosa desde sus inicios, como lo revelan los datos aportados por el historiador y vicario episcopal del arzobispado de Barcelona, Joan Galtés.

Si nos centramos en los aspectos más recientes, hay que poner sobre la mesa aquellas aportaciones realizadas por Caritas Internationalis, una organización fundada en el año 1867 e íntimamente vinculada a la Santa Sede. Conformada por las Caritas nacionales y diocesanas, goza de mucho prestigio en la sociedad, tanto por su actividad humanitaria y caritativa como por la fiabilidad de sus informes y documentos sobre la pobreza.

También cuenta con importancia el Consejo Pontificio *Cor Unum*. La institución, creada por el papa Pablo VI en 1971, promueve iniciativas humanitarias y coordina con otras instituciones católicas como, por ejemplo, Manos Unidas. El Papa también ha confiado a este consejo la Fundación Juan Pablo II para la lucha contra la sequía y la desertificación, así como la Fundación *Populorum Progressio* al servicio del colectivo indígena afroamericano y de los campesinos pobres de América Latina y el Caribe.

La Iglesia católica, específicamente en Alemania, creó en 1958 la institución *Misereor* contra el hambre y la enfermedad en el mundo. Justamente, los germanos también han llevado su colaboración a América Latina a través de *Adveniat*. Como se puede observar son diversas las ayudas promovidas y con una larga trayectoria en el tiempo, como son también: Acción Católica, Manos Unidas, Fe y Alegría y la Comunidad de San Egidio.

Ante el papel activo que está jugando la Iglesia católica durante siglos en los lugares más conocidos y remotos del mundo, habrá que estimar lo siguiente:

¿La aportación de las instituciones religiosas ha ayudado a los Estados en su lucha contra la pobreza, o por el contrario generan un impacto negativo?

Es evidente que no se puede negar en modo alguno que el compromiso de la Iglesia católica en lo que se refiere a la ayuda para combatir todo tipo de necesidades es ingente, y además se puede observar que da sus frutos. Toda acción que pueda ofrecer realmente es una ayuda para luchar contra la pobreza, y es obvio que debe ser bienvenida, pues cuantas más ayudas se pueda llegar a disponer, indudablemente será mejor para poder lograr alcanzar la mejora de las personas que se encuentran en situaciones de dificultad, como consecuencia de tener que padecer un estado de pobreza.

¿Habría más pobreza social sin el apoyo constante y sostenido de las instituciones religiosas?

A esta pregunta debo responder con una total rotundidad con un sí, pues es innegable que la ayuda que desde hace cientos de años viene ofreciendo la Iglesia, permite mejorar la vida a muchas personas. Simplemente hay que recordar las órdenes religiosas que vienen ocupándose de los enfermos, que en muchos casos, no pueden disponer de más ayuda que esa.

Casi 385 millones de niños viven en situación de pobreza extrema. Ese es el trágico dato que maneja la UNICEF y el Grupo del Banco Mundial. A través del estudio *Erradicar la pobreza extrema: la situación de los niños,* se estima que en 2013, un 19,5% de los niños de los países en desarrollo vivían en hogares que salían adelante con 1,90 dólares al día o incluso menos por persona, en comparación a solo un 9,2% de los adultos.

En otras palabras, los niños tienen más del doble de probabilidades que los adultos de vivir en situación de pobreza extrema, según UNICEF. De ahí que los niños se ven afectados de manera desproporcionada, ya que representan aproximadamente una tercera parte de la población objeto de estudio pero, al mismo tiempo, la mitad de quienes están en situación de pobreza extrema.

Anthony Lake, director ejecutivo de UNICEF, aclara que "los niños no solo tienen más probabilidades de vivir en situación de pobreza extrema, sino que además son los más perjudicados por sus efectos. Son los peor parados de los peor parados; y la situación de los más pequeños es aún peor, porque las privaciones de las que son víctimas afectan al desarrollo de sus cuerpos y sus mentes".

También ha agregado que "resulta chocante que la mitad de todos los niños del África subsahariana y uno de cada cinco niños de los países en desarrollo estén creciendo en situación de pobreza extrema. Esto no solo limita sus futuros, sino que arrastra también a las sociedades a las que pertenecen".

Ana Revenga, directora superior del Departamento de Prácticas Mundiales de Reducción de la Pobreza y Promoción de la Equidad del Grupo Banco Mundial, matiza que "el gran número de niños en situación de pobreza extrema pone de manifiesto la necesidad real de invertir específicamente en los primeros años: en servicios como atención prenatal para madres embarazadas, programas para el desarrollo en la primera infancia, escolarización de calidad, agua limpia, saneamiento adecuado y atención médica universal".

El escenario genera que la estimación global de la pobreza infantil extrema representa el 83% de la población del mundo en desarrollo. En esta línea, hay que estimar:

¿Cuáles son las políticas económicas que pueden ayudar a reducir los niveles de pobreza infantil extrema?

Las políticas que incidan con inmediatez para ayudar a resolver esos problemas económicos, y que también tengan una vertiente más de futuro, que ayuden a que todas esas personas dispongan de las oportunidades necesarias de una manera suficiente, para que en un futuro puedan situarse en un estado que se encuentre lejos del de pobreza, por sus propios medios.

¿Una eliminación de la pobreza infantil extrema repercutiría en una erradicación de la pobreza a largo plazo?

Evidentemente, siempre y cuando dicha erradicación pueda ser sostenible, a través de esas oportunidades que citaba en la anterior respuesta, en lo relativo a sanidad, educación y acceso a los recursos necesarios, para poder desarrollar una vida en ese sentido. De lo contrario será, como coloquialmente se suele decir, pan para hoy y hambre para mañana.

A pesar de que las cifras de pobreza parecen no mostrar una mejoría ante la magnitud de los esfuerzos realizados, el crecimiento económico y las políticas sociales han sacado a más de 1000 millones de personas de la miseria desde 1990. De esta manera, se ha ido consiguiendo que cada vez sean menos las personas obligadas a vivir con menos de 1,25 dólares diarios (poco más de un euro), según los índices establecidos por el Banco Mundial.

Los resultados no son, sin embargo, lo suficientemente buenos como para festejar. Así lo entienden también las Naciones Unidas, quienes solo consideran que pasar de 1900 millones de personas en pobreza extrema en 1990 a las 836 registradas en 2015 supone un paso para una meta superior: reducir el porcentaje de la pobreza extrema hasta solo el 3% de la población mundial, frente al 13,4% que representa actualmente en tan solo los países en vías de desarrollo.

Latinoamérica jugará un papel fundamental para conseguir el ambicioso objetivo. Desde las instituciones internacionales se ha tomado como ejemplo la evolución registrada en algunos de los países más influyentes de la región en materia de control y reducción de la pobreza extrema. Por ejemplo, Brasil fue capaz de reducir su nivel de pobreza extrema del 37,8 al 18% entre 2002 y 2013, siendo la mayor mejora de la región. Sin embargo, no ha sido el único.

En el mismo intervalo, Chile bajó del 18,7 al 7,8%; Uruguay la situó en el 5,7%, a pesar de venir de una tasa del 15,4%, y México consiguió sacar a un millón y medio de personas de la miseria entre 2010 y 2014. Más recientemente, el Instituto Nacional de Estadística y Censos para la República Argentina (INDEC) aseguró que la nación sudamericana había reducido la pobreza urbana argentina de un 30,3% a un 25,6% durante el último año.

Aunque están en una situación similar, África no ha logrado replicar los resultados obtenidos en América Latina. "La economía africana ha crecido mucho durante los últimos 20 años, aunque para erradicar la miseria este crecimiento tiene que ser más rápido, alcanzar a todos los países y mantenerse al menos otra generación", ha analizado Laurence Chandy, miembro del centro de investigación estadounidense Brookings Institution.

Con los objetivos claros y modelos de ejemplos que están logrando reducir la pobreza, la gran pregunta es:

------------------------ 📝❓ ------------------------

¿Es realmente viable que la pobreza extrema se reduzca al 3% de la población mundial en 2030?

A mi juicio, se trata un objetivo que si se establece, es perfectamente alcanzable, pues es seguro que existen los recursos y también los medios necesarios para poder conseguirlo de una manera ampliamente suficiente. Vemos que la duda que podía existir sobre la posesión de la cantidad suficiente de alimentos para la población mundial, para poder dar a todos sin escasez una alimentación, ya no es un debate solvente que pueda haber actualmente. Tampoco se puede sostener que pueda existir impedimento alguno en lo relativo a otros recursos que se deben emplear, pues existe una gran cantidad de posibilidades que hacen que la oferta sea amplísima, como por citar un ejemplo en lo relativo a muchas herramientas técnicas que permiten ayudar a su alcance, el material médico.

¿Es el modelo de América Latina replicable en el resto de países de otros continentes?

En principio y con las pertinentes salvedades, a colación sobre la propia idiosincrasia de cada sociedad y también de sus propios recursos naturales, se puede decir que no existe objeción en que esos planes puedan también ponerse en práctica, al menos en su parte de fundamentación en otros países. La razón es que es realmente evidente que cada zona geográfica está definida por sus propias particularidades que la hacen, en consecuencia, algo singular, y por lo tanto se deben establecer para ella planes *ad hoc* por este motivo. Por ese motivo, pretender replicar totalmente con exactitud cualquiera de esos planes, resulta a todas luces obviamente inadecuado.

Formación y economía

La formación —es indudable— consiste en uno de los soportes fundamentales de toda economía, por lo que este ámbito se debe cuidar muchísimo, pues puede provocar, en el caso de ser mal gestionado, unas perdidas muy grandes que provoquen un detrimento que deba ser soportado a lo largo de tal vez demasiado tiempo, hasta que pueda llegar a ser finalmente subsanado.

La formación será la brújula que dirigirá el destino de los ciudadanos y de la economía. Cada año, nuevas generaciones de jóvenes acceden a los diversos niveles educativos con la finalidad de adoptar los conocimientos y competencias que, en el futuro, les servirán de herramientas para acceder al mercado laboral o para emprender sus propios negocios. Con un mercado económico en constante evolución, los modelos educativos parece que se han quedado un poco obsoletos, lo que hace que los jóvenes no siempre cuenten con las capacidades requeridas por los mercados para su incorporación.

Por ejemplo, el director de formación de la Confederación Española de Organizaciones Empresariales (CEOE), Juan Carlos Tejeda, considera que una de las soluciones para la problemática del paro en España pasa por la formación. De esta manera, demanda que se implemente un modelo que sea "ágil, flexible, y que se adapte a las necesidades de la empresa". En este sentido, ha puesto sobre la mesa la necesidad de una formación 4.0, así como tomar como referencia el modelo de formación implementado en Alemania.

Aunque se piense que la nueva formación debe estar enfocada de pleno a los avances de la tecnología, Juan Carlos Tejeda recuerda que hay otras áreas que actualmente cuentan con ofertas laborales, pero no con los profesionales preparados para ellas. "Seguramente no sepáis que el sector de los transportes internacionales no encuentra conductores o que no se encuentran asistentes de veterinarios".

Si se analiza el caso de Aragón, el estudio titulado *Necesidades laborales de las empresas* (del foro de investigación Educa 2020, la firma demoscópica GAD3 y la fundación AXA) revela que el 61,2% de las firmas aragonesas está convencida de que su plantilla aumentará durante 2018, pero el 73,11% de las firmas encuestadas aseguran que tienen problemas para encontrar un perfil que se adapte a sus necesidades.

Ante un mercado laboral y una formación que parecen no terminar de entenderse, cabe hacerse la siguiente pregunta:

¿Cuáles son los modelos educativos en los que debería fijarse España para aumentar la empleabilidad de sus ciudadanos?

El modelo formativo que se pueda disponer en cualquier lugar del mundo con respecto a las necesidades de empleabilidad que tiene que cubrir, debe estar obviamente orientado siempre a responder lógicamente con la adecuada formación que sea precisada por los empleadores. Por esa razón, todos los centros e instituciones de formación, deben evidentemente encontrarse, siempre y en todo momento, a la vanguardia de esas necesidades. Lamentablemente, podemos comprobar que en numerosas ocasiones —y realmente son demasiadas— por ser unos recursos malversados en la práctica, existe una formación muy poco o nada acorde a lo que se demanda en la actualidad para poder realizar un trabajo con la excelencia debida, dado que dicha formación se ha quedado obsoleta. El cambio de paradigma ya se viene percibiendo, porque como he venido diciendo, los empleadores han transcendido —al menos algunos de ellos— la titulación, y centran su selección de los trabajadores, sustentada en las habilidades reales y las capacidades para poder realizar las tareas pertinentes.

¿El problema está más enfocado a la formación profesional o también los grados universitarios necesitan de una modernización en profundidad?

Este asunto tan importante compete a todos los ámbitos y absolutamente a todos los formadores, sean estos a nivel profesional o universitario, porque todos se encuentran en el deber de ofrecer una formación acorde con las necesidades que se tienen para poder desempeñar cualquier trabajo, con una base formativa adecuada a los trabajos que se deben realizar en cada momento, pues es indiscutible que esta capacitación va variando a través del tiempo, para responder a los cambios de las empresas y los mercados.

El vínculo entre formación y economía va mucho más allá de la preparación de la nueva generación de profesionales sanitarios que accederán al mercado laboral. Su relación más directa está quizá resumida en la "economía de la educación". Es decir, es el estudio de asuntos económicos relacionados con la formación, incluyendo la demanda de educación, la financiación y cómo se entregará a las distintas instituciones y centros dedicados a impartir conocimientos.

En la mayoría de los países, una importante parte de los gastos de la educación (en especial la dedicada a las poblaciones más jóvenes en etapas básicas) proviene de los fondos del sector público. No obstante, la demanda de instituciones concertadas y privadas hace que un grupo de estudiantes costeen su formación de forma individual. En Europa, por ejemplo, existe una extendida tradición de que la educación debe ser costeada por el Estado, lo que genera que cada año se destine entre el 3 y el 8% el producto interior bruto (PIB). No obstante, la "economía de la educación" considera necesario valorar otros aspectos para poder calcular el coste de la formación.

El porcentaje del PIB destinado no valora aspectos como el coste de oportunidad, un valor que se genera por los "salarios" percibidos como estudiantes, debido a que usualmente son un colectivo que no puede trabajar. Su valoración no puede pasar por debajo de la mesa, ya que según los expertos podrá incluso duplicar el valor del coste directo que genera la educación de la población. Si nos centramos en una región en concreto, como puede ser la Unión Europea, el coste de oportunidad podría alcanzar el 10% del producto interior bruto de la región.

Ahora bien, los esfuerzos de la administración pública en la formación de la población no son altruistas. Los Estados son conscientes de que unos ciudadanos bien formados serán más competitivos, y por ende más capaces de generar ingresos que repercutirán en la economía del país. En este sentido, la "economía de la educación" prevé que la formación genere tres impactos financieros: el aumento del gasto público, el aumento de la productividad a futuro y el retorno de la inversión por medio de mayores ingresos en años posteriores.

¿Cuáles son los países que más invierten en la educación de su población?

Los países que actualmente dedican una mayor parte de su gasto público a la educación son los europeos. Aunque hay que apostillar que con un grado dispar de eficacia, pues se puede observar, según diversos informes que se realizan a ese respecto, —como por ejemplo el informe Pisa—, que existen bastantes países europeos que logran unas muy bajas calificaciones.

¿Qué países cuentan con un modelo educativo que responde más a intereses formativos que de rentabilidad económica para el propio país a largo plazo?

En cuanto a la formación señalada en el preámbulo, resulta palmario que en realidad sus posibles rentabilidades en muchísimas ocasiones se perciben a futuro, por lo que resulta difícil de entender que se pretendan obtener rentabilidades en la mayoría de casos, con una inmediatez que resulta técnicamente imposible en su mayor parte. Parece que según dichos estudios que informan sobre lo conseguido, a través de unos criterios homogéneos, los países que obtienen una mayor eficacia —en general, hasta el momento— son los nórdicos.

La "economía de la educación" plantea que la formación de la población es una inversión de la que se prevé recoger los frutos con el paso de los años. En concreto, el modelo se centra en su apuesta por el capital humano, debido a que mientras más conocimientos y competencias tenga un trabajador, mayor será su productividad y su impacto en la evolución positiva del producto interior bruto, es decir, más ingresos para las arcas del gobierno.

Son varios los estudios que relacionan el nivel educativo de los países con la riqueza que son capaces de generar. Aunque no hay una evidencia de cuánto representa dentro del PIB el retorno de las inversiones en educación, sí se percibe una tendencia generalizada donde existe un modelo productivo más eficiente y competitivo en aquellas naciones con sistemas de educación más modernos, dinámicos y pioneros. No todos están de acuerdo con la afirmación, y consideran que la relación solo existe porque los países más ricos son capaces de costear y financiar una mejor educación pública que aquellos que no lo son.

Para autores de las teorías del crecimiento endógeno (Lucas, Romer, Aghion y Howitt), las inversiones en educación podrán incrementar la capacidad innovadora de la economía, donde los nuevos conocimientos inciden sobre las nuevas tecnologías, los productos y los procesos que promueven crecimiento económico. Sin olvidar que la educación puede facilitar la difusión y la transmisión de los conocimientos necesarios para comprender y procesar nueva información, así como para implementar con éxito las nuevas tecnologías creadas por otros, lo cual de nuevo promueve el crecimiento económico.

Otro aspecto a considerar es que, según las estadísticas de las últimas décadas, se percibe que los países con altas tasas de inscripción y graduación han crecido más rápido que aquellos que no. Los mismos datos arrojan un escenario al menos curioso, ya que parece existir una correlación entre las diferencias de género en educación y el crecimiento. Los estudios indican que se percibe un mayor desarrollo en los países que tienen una distribución igual de hombres y mujeres graduados en secundaria.

¿Es la educación pública solo una herramienta económica de los Estados para garantizar la competitividad de su "capital humano" y aumentar sus ingresos?

Tiene realmente su enjundia esta pregunta. Aunque creo sinceramente que la educación siempre va a poder permitir tener una mayor riqueza para la persona, en base a que va a poder tener un mejor criterio sobre los asuntos. De esta manera va a poder apreciar las cosas de una forma muy diferente a si careciera de esa formación. Por tanto, aunque como se colige de esa pregunta, las intenciones puedan ser discutibles, el efecto, al final, siempre suele ser —por lo general— positivo.

Si la educación es una pieza clave para garantizar el crecimiento económico de los países, ¿puede ser utilizada como un área estratégica para fomentar el desarrollo de las economías más reprimidas?

Sin duda alguna esto es así, pues como expuse anteriormente, China es el máximo ejemplo de cómo fundamentalmente a través de la educación, se puede experimentar un gran desarrollo en la economía, que en la práctica va acabando además en una transformación de la sociedad.

La valoración de la educación como un área de inversión para fomentar el crecimiento del PIB tiene sus riesgos. Uno de los más evidentes es la denominada "inflación académica", es decir, la exigencia cada vez mayor de grados más altos para determinados puestos de trabajo, incluso cuando un grado más alto no es necesario realizar esos trabajos. Cada vez es más común ver que algunas actividades profesionales que no requerían de titulaciones o solo de una formación muy sencilla han ido aumentando sus requerimientos académicos y, por ende, sus barreras de entrada para los ciudadanos no cualificados.

La inflación académica ha ido generando, como se puede observar en las sociedades, que se reduzca la capacidad de aquellos que solo ingresan a la fuerza de trabajo para aprender a través de la experiencia laboral. Al contrario, se alienta a quienes permanecen en la escuela para obtener los certificados y títulos por períodos más largos de tiempo. ¿Esto en qué se traduce? En que tener un título universitario ya no implica tener un empleado cualificado.

Para hacer frente a las altas demandas del mercado laboral generadas por la inflación académica, los colegios, universidades e instituciones académicas han venido implementando programas y sistemas de evaluación menos estrictos. Aunque el objetivo inicial es ayudar a que los jóvenes cuenten con las titulaciones necesarias para lograr una plaza laboral, en la realidad solo se está aumentando el número de individuos que son capaces de recibir una licenciatura, sin que esto equivalga a realmente contar con valor que debería aportar el grado.

A pesar de que resulta más fácil para los estudiantes el obtener buenas calificaciones y unos expedientes académicos más llamativos, resulta más complejo para los empleadores distinguir entre los solicitantes a causa de que los modelos de selección están diseñados para valorar más los certificados y grados que el propio potencial del postulante.

No hay que pasar por alto que la inflación académica también conlleva al aumento en el costo de la educación superior. El costo de la matrícula para la Universidad y las escuelas profesionales está aumentando mucho más rápidamente que la tasa de inflación. La medida, lejos de ser disuasoria, ha disparado las operaciones de préstamos estudiantiles.

¿Puede la inflación académica desencadenar una burbuja del sector educativo y económico de los países desarrollados?

El hecho que se describe es algo del todo indiscutible, porque en los años 60 y 70 del siglo XX era seguro que los licenciados universitarios obtenían un puesto laboral nada más acabar su carrera académica. Posteriormente, en gran medida por la creación de una brecha entre lo enseñado y las necesidades reales de la empresa, cada vez fue más necesario que se cursara un máster para intentar acomodar esa oferta con la demanda. Ahora esa inflación académica a la que se alude parece que va dándose la vuelta, y vemos claramente que personas con una capacitación menor, —por ejemplo, en ingenierías informáticas—, están cubriendo los puestos laborales que teóricamente, deberían ser para ingenieros. La razón es el menor coste salarial, y porque es posible que sean sustituidos precisamente dado que las tareas pueden ser, incluso, mejor realizadas por esos trabajadores de inferior cualificación.

¿Quiénes son los grandes beneficiados de un mercado donde se registran altas cuotas de inflación académica?

Los perjudicados, en un principio —evidentemente, parece que se trata de algo que no se puede discutir— en realidad son las personas que tienen un menor grado formativo. Y teóricamente, los beneficiados —en el caso, obviamente, que puedan obtener unas mayores prestaciones de esos trabajadores, de los que posiblemente se pueda prever que estén capacitados para darlas—, son evidentemente las empresas. Reitero: siempre y cuando puedan beneficiarse de esa mayor formación que tiene el trabajador, que para ese puesto laboral puede ser no requerida, pero que realmente, siempre en la práctica por lo habitual, suele generalmente al final venir muy bien.

La "economía de la educación" no es inmune a los efectos de la globalización. Por el contrario, la globalización está presente en todo momento dentro del procedo educativo a través de la implementación de herramientas informáticas y hasta estándares proporcionados por instituciones internacionales con mucha influencia. Sin embargo, no se trata de un proceso casual, sino que por el contrario responde a las necesidades del propio mercado educativo, así como también es común encontrarlo en otras áreas productivas de los países.

Como ya sabemos, en las economías modernas el conocimiento se ha convertido en uno de los factores más importantes de la producción. Las sociedades que más han avanzado en lo económico y en lo social son las que han logrado cimentar su progreso en el conocimiento, tanto el que se transmite con la escolarización como el que se genera a través de la investigación. De la educación, la ciencia y la innovación tecnológica dependen cada vez más la productividad y la competitividad económicas, así como buena parte del desarrollo social y cultural de las naciones.

En este punto es necesario incidir. La propia Organización para la Cooperación y el Desarrollo Económicos (OCDE) ha asegurado, por medio de la elaboración de estudios, que un año adicional de escolaridad incrementa el PIB *per cápita* de un país entre 4 y 7%. Evidentemente, las cifras hacen que en el pasado se quede el concepto del gasto en educación para hablar de una inversión a futuro.

Según la Comisión Económica para América Latina y el Caribe (CEPAL), la educación es un proceso indispensable en la nueva economía global, donde el conocimiento y las destrezas son condición necesaria para el desarrollo económico de un Estado. La globalización ha derribado fronteras en todos los ámbitos y el ámbito educativo no esta excluido. En este sentido, es importante hacer un balance para determinar la siguiente cuestión:

¿Ofrece la educación un rendimiento mayor que otras formas de inversión?

Sinceramente, debo decir que pienso que la formación también es uno de los pilares que indiscutiblemente, hace —sin duda alguna— que se pueda llegar a conseguir una productividad adecuada para poder obtener ese crecimiento económico que es perseguido. Ahora bien, dicho esto, creo que evidentemente hay que reconocer que no tiene por qué ser la inversión que ofrece un mayor rendimiento, a no ser que gracias a esta formación se pueda precisamente tener unas ideas que hagan, irrefutablemente, que dicha productividad se vea sustancialmente aumentada por la razón anteriormente mencionada. Lo cual es perfectamente posible que pueda suceder, pero hay que tener en cuenta que en muchísimas ocasiones —seguramente en la mayoría— no será de esta manera.

¿Algunos tipos de educación producen mayores rendimientos que otros?

Claro. Evidentemente, una educación —aunque yo prefiero llamarla formación, por poner un ejemplo, con el fin de fijar las ideas— relativa a bienes o servicios de bajo valor añadido, obviamente por lógica producirá, con total seguridad, un menor rendimiento que cualquier otra que sí tenga ese valor añadido con un mayor grado. No obstante lo anterior, hay que tener presente que en numerosas ocasiones la formación de bajo valor añadido suele ser por lo general indispensable para poder desarrollar, de una manera pertinente, el resto de funciones y tareas que puedan existir. Por lo tanto y a decir verdad, es muy difícil elaborar una teoría general que pueda describir con claridad y de modo indefectible, el discernimiento de las formaciones que pueden llegar a ser indispensables, de las otras que puedan ser prescindibles.

Cuando se analiza la educación como un mercado económico, los datos generados resultan de gran interés. No en vano es un sector que cuenta con un capital humano de 7500 millones de personas en todo el mundo, cifra que se prevé aumentar con el paso de los años, así como con la reducción de los actuales 263 millones de niños que están fuera del colegio, 758 millones de analfabetos adultos y una distancia educativa de un siglo entre los países desarrollados y en crecimiento.

Para trabajar justamente ese último punto, los países estiman que es necesario invertir 340.000 millones de dólares para lograr la meta de escolarizar a todos los niños en edad de estudiar en primaria y secundaria en las naciones con menos recursos. Una cifra que ha sido validada por la Organización de las Naciones Unidas para la Educación, la Ciencia y la Cultura (Unesco).

Una investigación del Banco de América también hace aflorar algunas conclusiones impresionantes. Por ejemplo, la inversión en la educación es mucho más rentable que en otros modelos financieros como pueden ser, por ejemplo, la bolsa de valores. En este sentido, por cada dólar destinado a las aulas produce un retorno de 10.

Además, todos los esfuerzos en paridad educativa también tendrán su recompensa financiera, debido a que la investigación destaca que si desapareciera la desigualdad entre hombres y mujeres la riqueza del globo aumentaría hasta en 28.000 millones de dólares.

Ahora bien, la educación no es un mercado que tenga siempre el viento soplando a favor. Al contrario, su importancia estratégica hace que esté en constante proceso de evolución, adaptándose a las propias necesidades del país y del extranjero. De ahí que Anthony Lake, director ejecutivo de Unicef, afirme que "necesitamos invertir pronto, invertir en calidad e invertir en equidad o pagaremos el precio de una generación de niños condenados a crecer sin los conocimientos y habilidades que necesitan para alcanzar su potencial".

¿Es la educación el mercado potencial más grande y prometedor de los países?

Es menester contestar a esta pregunta con la misma cautela que anteriormente, en el sentido de decantarme con rotundidad sobre lo que propone la misma. Si bien es cierto que realmente el agregado en cifras de lo que produce la educación es enorme, y que también se debe reconocer que existe aún muchísimo por hacer en este campo en muchísimos países del mundo; por ende es indiscutible que se trata de un mercado que tiene un enorme potencial y que puede producir unas cifras desorbitantes, debido al ingente número de acciones en el campo de la educación, que es evidente que podrían y deberían ponerse en práctica.

🗨️

¿Cuáles son los grandes retos que deben asumir las naciones para lograr el máximo rendimiento de la educación como un sector económico?

Evidentemente, es obvio que deberían realizar unos mayores gastos presupuestales en el ámbito de la educación, de manera general y con el objetivo de que sean accesibles a cuanto mayor número de personas mejor. Además, deberán resolver el problema que presenta actualmente esa brecha que existe entre lo que realmente es demandado para solventar los requisitos que son necesarios atender, para que en la actualidad pueda servir perfectamente esa formación obtenida y no se quede fuera de lugar, completamente incluso, en ocasiones vacía de contenido, con el fin de atender dichas necesidades requeridas, indispensables para poder lograr la excelencia debidamente necesaria.

Ante el potencial demostrado por la educación para impulsar la economía nacional, en algunos países se ha registrado la llamada "fiebre de la educación". Los modelos que más se conocen son los de India, Singapur, Taiwán, Corea del Sur o China, donde el volumen de las inversiones y de las personas alcanzadas registran volúmenes muy altos en comparación con otras naciones de características similares.

La alta demanda ha generado un boom de las empresas privadas que ofrecen servicios educativos y cursos propios. Para comprender la magnitud de la situación, hay que saber que, si se cumplen las previsiones, el mercado de la enseñanza privada sumará 200.000 millones de dólares en 2020. Los costes de la educación privada, no obstante, no resultan fáciles de costear para todos.

La Organización para la Cooperación y el Desarrollo Económicos (OCDE) indica que el Reino Unido tiene las universidades estatales más caras del planeta. Un año de estudios cuesta, de media, 9000 libras (10 500 euros). Una cifra que es muy superior en el caso de las instituciones privadas que ofrecen sus servicios con la autorización y la regulación del Ministerio de Educación.

Para costear los estudios, muchas familias venden sus casas, se endeudan, renuncian a sus seguros de salud e incluso a sus pensiones para pagar, sobre todo, las facturas de estas escuelas. De ahí que los investigadores encuentren relación entre la competitividad académica y las tasas de suicidios registrados en algunos países, siendo China uno de los casos más preocupantes del escenario internacional.

Mario Esteban, investigador principal del Real Instituto Elcano para Asia-Pacífico, afirma que "la educación es la principal herramienta de ascenso social en China", por lo que "el país ha orientado su formación universitaria hacia un visión muy instrumental: crear riqueza para el gigante".

¿Qué papel juega la educación privada en el proceso de creación de riqueza de un país?

Como he venido defendiendo, sin duda alguna se debe exponer que es irrefutable que el papel que tiene la educación en la generación de riqueza en cualquier país, es de vital importancia. Obviamente, una sociedad que no puede disponer de personas con una debida formación, que les provea inicialmente de unas habilidades suficientes para poder realizar sus labores, evidentemente no podrá desarrollarse económicamente. Hoy en día se esta viendo con claridad que en la producción cada vez es mayor el grado que se requiere, en cuanto a que sus trabajadores puedan ofrecer unas habilidades que, sin esa formación, es prácticamente imposible que se pueda alcanzar para tener unas capacidades que le puedan hacer llegar a conseguir los requisitos mínimos necesarios para poder realizar el trabajo de una manera oportuna.

¿Es la educación privada un modelo más rentable y optimizado que el público?

La respuesta, así de una manera general, creo que no es sencilla de dar. Eso dependerá, obviamente, del campo en el que se desarrolla cada formación, aunque, por lo general, se puede decir que suele darse en muchas ocasiones que la educación privada a menudo va dirigida a un sector mucho más especializado. Por lo tanto, puede llegar a considerarse también que generalmente es posible que sea de un mayor valor añadido.

Además de China, otros países cuentan con altas tasas de suicidio por la presión académica. ¿Qué países han logrado diseñar un modelo exigente pero llevadero por los estudiantes?

Hay que reconocer que se debe tener en cuenta, además, para realizar un correcto análisis de lo indicado, cómo es también realmente la sociedad en la que existen estos suicidios. Las presiones existen en cualquier ámbito de la vida, y resulta algo palmario que de la manera en la que se ha conformado esa sociedad en todos los ámbitos, va a depender indudablemente la forma de afrontar cualquier tipo de problema por parte de las personas que la integran. Yo señalaría que tal vez una de las debilidades que puedan llegar a existir, en ese sentido, es posible que pueda ser esa falta de espíritu de sacrificio que conlleva generalmente en la práctica a lo que se ha venido a denominar como la cultura del esfuerzo, que se denota claramente en la práctica en muchas sociedades del mundo, que hacen a sus integrantes personas que en modo alguno están acostumbradas a soportar presiones, y esto puede conllevar ese tipo de hechos. Sin esa cultura del esfuerzo es realmente difícil que indefectiblemente las personas se puedan adaptar a cualquier tipo de presiones y superarlas con éxito.

A pesar de que la educación es un mercado en constante evolución, parece tener una capacidad de adaptación más lenta que otros sectores de la economía. Un informe de CaixaBank Research advierte que "cuando la tecnología avanza tan rápido que el sistema educativo no puede adaptarse al mismo ritmo aumenta el paro, la diferencia salarial y con ello la desigualdad". En este sentido, hacia un mundo que tiende a aumentar los procesos digitales, las aulas aún mantienen procesos analógicos que no se adaptan a las necesidades de la economía nacional.

En esta línea, el estudio matiza que no existe ninguna evidencia, por ahora, de que "la mayor disponibilidad informática esté añadiendo valor adicional a la enseñanza". La solución, para Oriol Aspachs, director de Macroeconomía de CaixaBank Research, está en minimizar el tiempo de ajuste entre velocidad tecnológica y educación. "Resulta imprescindible anticiparse y diseñar medidas educativas que ayuden a reducir los costes de transición. Cuanto más rápido sea el cambio, menor será el impacto", analiza.

El mexicano Fernando Esteves, director de Ediciones SM, sostiene que no se pueden emplear estrategias del siglo XIX con aulas y alumnos del siglo XXI. A su entender, la clave está no solo en el proceso de modernizar, sino de personalizar los procesos dentro de las instituciones académicas. "Cada chico es distinto, y hasta ahora la educación no lo había entendido así", expresa.

Esteves está convencido de la importancia de un modelo ad hoc, por lo que afirma que "antes el modelo, el sistema y los propios libros eran comunes a todos, sin contemplar las diferencias que podría haber entre los chicos;

pero hoy en día se puede recurrir a herramientas que son incipientes y que permiten un aprendizaje más personalizado".

¿Cómo podrá impactar en el mercado laboral y en la evolución del PIB la implementación de las nuevas tecnologías en las aulas de clase?

Sin duda positivamente, pues estoy totalmente de acuerdo con todo lo que se expone en el preámbulo, y por lo tanto, a mi juicio, esto no es discutible en modo alguno.

¿Están los mercados económicos y laboral preparados para una nueva generación de profesionales que se han formado con una adquisición de conocimientos a su propia medida?

Cada día se puede observar que la oferta va en este sentido, por lo que se puede esperar que seguramente los profesionales podrán disponer de una formación, ya no solo a medida, sino incluso que la puedan obtener sin necesidad de desplazarse a ningún sitio. Y esto es evidente que verdaderamente va a representar una gran revolución en la educación, y como toda revolución dejará ineludiblemente un reguero de componentes actuales de ese sector fuera de mercado. Lógicamente, sin duda, todos los integrantes de hoy en día, tendrán que realizar los cambios pertinentes renovadores, si es que quieren continuar sobreviviendo en este nuevo mundo.

El Banco Mundial afirma que, entre los años 2000 y 2017, invirtió más de 45.000 millones de dólares en educación. Tan solo en el ejercicio de 2017, el financiamiento para educación fue de 2850 millones de dólares, "lo que pone de relieve la importancia de la educación para lograr los objetivos institucionales de poner fin a la pobreza extrema y promover la prosperidad compartida", indica la institución internacional.

En su balance de esfuerzos en materia formativa, el Banco Mundial también afirma que han ayudado a atraer una cantidad mucho mayor de recursos de los gobiernos, así como de otros asociados en la tarea del desarrollo, lo que ha permitido crear programas educativos simplificados y reducir los costos de transacción para los gobiernos.

Algunos de los proyectos más importantes que han venido desarrollando se encuentran en Bangladesh y en Bulgaria. En el primero, lograron que alrededor de 127.000 escuelas recibieran más de 110 millones de libros de texto en el primer mes del año escolar 2016, al mismo tiempo que han construido 22 444 aulas adicionales en zonas remotas y desfavorecidas para reducir el hacinamiento en las escuelas. Por su parte, en Bulgaria se logró que el 80% de los niños en condición de vulnerabilidad aprobasen las pruebas de diagnóstico de preparación para la escuela, el doble de los datos registrados antes del proyecto del Banco Mundial.

En la misma línea, se aumentó las capacidades lectoras de los niños en Camboya y se financiaron más de 430.000 becas de matrículas en Haití, lo que hizo posible que niños desfavorecidos asistieran a la escuela sin costo alguno. Sin olvidar que en India, más de 3600 internados apoyan actualmente la educación de 400.000 niñas de entre 10 y 14 años de edad, mientras que más de 500.000 niños pobres de hasta 6 años de edad que viven en distritos de difícil acceso, recibieron educación preescolar entre 2007 y 2013.

El listado de acciones e inversiones del Banco Mundial se extiende hasta Jordania, Kuwait, Letonia, Nicaragua, Pakistán, Rumanía, Vietnam y otros países que cuentan con unas tasas educativas con grandes deficiencias, pero también con mercados con un gran potencial que resultan estratégicos en sus áreas de influencia.

Conscientes de que la educación puede buscar la promoción de resultados económicos y no una visión no siempre altruista del mundo, cabe hacerse esta pregunta:

¿Son los esfuerzos del Banco Mundial una inversión para impulsar el crecimiento económico en áreas geográficas que son beneficiosas para sus intereses particulares?

Yo no me atrevería a pensar eso que se señala. Creo que el Banco Mundial realiza las acciones donde estima que puede realizarlas, con unos criterios basados siempre en la posibilidad de llevarlas a cabo y su posterior viabilidad, que lógicamente redunda en que dichas acciones, al final tengan una repercusión positiva para esas sociedades, de niveles pertinentemente aceptables.

¿Qué instituciones u organismos pueden tener una visión más desinteresada en la promoción de la educación?

Realmente, si en esa promoción educativa se encuentran empresas privadas, como de una manera habitual suele por lo general ocurrir, es lógico llegar a pensar que estas empresas privadas —evidentemente, como cualquier empresa— deben seguir el principio fundamental de la empresa, que no es otro que el de ganar dinero para poder seguir subsistiendo. Por lo tanto, y siguiendo este razonamiento, es lógico pensar que las instituciones y organismos que en un principio no tienen este fin, no se encuentran en el ámbito de la empresa privada.

Desde el BBVA se ha realizado un análisis acerca de cuáles son los grados con las mejores perspectivas a futuro. El análisis asegura que, a pesar de que existe un elevado número de abogados y de periodistas, la oferta profesional disminuye cuando se habla de otras áreas como las matemáticas, el Big Data o incluso, el lenguaje de signos. En este sentido, consideran que existen algunas titulaciones universitarias que permitirán no solo aumentar la empleabilidad de los jóvenes, sino dotar de capital humano a áreas que son estratégicas para la economía, pero que no encuentran el talento que están demandando.

El grado en Diseño y Tecnologías Creativas, por ejemplo, será imprescindible para comunicar con imágenes y haciendo uso de todos los medios y recursos disponibles. Es decir, sacar el mayor beneficio a áreas como la animación digital, la programación, los fundamentos de fotografía, luz o color, de desarrollo de videojuegos y de cómo se trabaja con audios. Algo similar, aunque más limitado en el sector del ocio y del entretenimiento, a lo que sucede en el grado en Creación Artística para Videojuegos y Juegos Aplicados.

A pesar de que su llegada a las universidades pudo ser implementada mucho antes, es ahora cuando la sociedad está dando la importancia que demanda la formación en Lengua de Signos Española y Comunidad Sorda. Por ejemplo, Noruega tiene un modelo por el que se garantiza que cualquier persona con discapacidad auditiva cuente con intérprete durante toda su formación.

El listado de profesiones con futuro se completa con el grado en Bioinformática. Para el BBVA, la Bioinformática "se perfila como una de las profesiones más demandadas en el futuro: la necesidad es nueva y ni siquiera había, hasta ahora, una formación específica en ningún campus"

No se deben dejar de lado al grado en Estudios Globales, que viene a ser un grado en Relaciones Internacionales, pero '2.0', así como tampoco al de Cine y Cultura Audiovisual, Diseño y Gestión de Moda, Paisajismo, y el doble grado en Filosofía e Historia y Ciencias de la Música y Tecnología Musical.

¿Es una formación que tendrá un impacto económico en todos los países por igual o, al contrario, los países requieren de un escenario mínimo para avanzar en los "grados del futuro"?

Hay que tener presente que cada sociedad tiene su localización en una región geográfica determinada, y se encuentra mediatizada de una manera particularmente singular precisamente por la estructura social y por los recursos que puede obtener en dicha zona. Dicho esto, es razonable señalar que cada país, lógicamente por todo ello, se encontrará en una diferente posición para que esos recursos empleados puedan ser rentabilizados de una manera mejor, e incluso que puedan llegar a tener una viabilidad en un futuro, consecuentemente derivada de un oportuno posicionamiento en los mercados, que aboque a que los beneficios obtenidos de dichos recursos puedan ser suficientes a pesar de los competidores. Por todo ello, indiscutiblemente puede indudablemente darse la circunstancia de que no tenga ningún sentido ofrecer algunas posibilidades dentro de la formación en algún país, precisamente por esa falta de poder poseer dichas capacidades.

En la educación, así como en otros sectores de la economía, no se aplica la lógica de que a mayor inversión, mejores los resultados obtenidos. Al contrario: el informe PISA y otros estudios similares cuentan con conclusiones que evidencian que gastar más no es, en absoluto, sinónimo de obtener mejores resultados.

El informe PISA, por ejemplo, intentó demostrar que las calificaciones obtenidas por la generación de estudiantes mejoraba en medida de que incrementaba la inversión que se destinaba al sector educativo. La hipótesis se cumple hasta que se superan los 50.000 dólares, una barrera a partir de la que los países sacan mejores o peores notas con independencia de sus niveles de gasto.

Por ejemplo, España obtiene una nota similar a la de Suecia y Estados Unidos a pesar de que el gasto acumulado por estudiante ronda los 85.000 dólares frente a los 95.000 de Suecia o los 115.000 de Estados Unidos. Otro ejemplo: España cosecha una nota claramente inferior a la de Canadá, Alemania, Nueva Zelanda, Corea, Polonia, Estonia, a pesar de que asume un gasto más alto.

De hecho, España está a la par de Portugal e Italia, pero esto no significa que los tres países mediterráneos gasten igual: Italia se coloca ligeramente por encima de los niveles observados en España, mientras que Portugal se ubica claramente por debajo de nuestro país y de la república transalpina.

Sin olvidar que Luxemburgo gastó en 2016 el doble que España, pero venía de perder ocho puntos en el informe PISA, y obtiene una puntuación media de 482, por debajo de los 493 de España.

Otro caso interesante es el que se ha registrado en Turquía. A pesar de que el país ha aumentado el gasto público en educación un 23% entre los años 2010 y 2013, la evolución de sus resultados ha ido en una tendencia contraria, empeorado en casi 40 puntos sus resultados en categorías específicas de la formación.

Además de unos niveles correctos de inversión, ¿con qué otros aspectos debe contar un sistema educativo para lograr potenciar al máximo a su "talento humano"?

Como he venido señalando con anterioridad en algunas respuesta, sinceramente estoy convencido que sin una pertinente adecuación entre lo precisado y lo ofertado, jamás se optimizará la educación. Y por supuesto, también se debe contar con una metodología oportuna para que se pueda llegar a tener acceso a la formación, con el horizonte temporal adecuado y sin que exista sobre-dimensionamiento en ese aspecto, y que confluya, por ende, que sea eficaz en lo relativo al aprendizaje y no existan, de esta manera, dificultades que puedan derivarse, relacionadas precisamente con la comprensión debida originada por esa mala metodología, que es evidente que redunda al final, indefectiblemente, en una didáctica deficitaria.

¿Son las bajas calificaciones, la tasa de abandono estudiantil y el desempleo los indicadores para determinar de que la inversión en educación no es rentable?

Son unos buenos indicadores que, inicialmente, pueden ofrecer alguna idea sobre eso. Aunque, evidentemente, se deben sumar algunos otros, como por ejemplo bien pudiera ser el nivel de excelencia, que tiene en el desempeño de la labor que sea atribuible a esa concreta formación que ha obtenido.

Las instituciones académicas están trabajando para optimizar y modernizar sus modelos formativos. El objetivo es que los estudiantes adquieran, en plazos más cortos de tiempo y con recursos más controlados, los conocimientos y competencias suficientes para el ejercicio de su profesión. La tendencia ha ido extendiéndose por todo el mundo, lo que hace que cada vez se estén reduciendo los tiempos necesarios para obtener una titulación universitaria.

En 2015, el Consejo de Ministros de España aprobó un Real decreto por el que se modificaba uno anterior de ordenación de las enseñanzas universitarias oficiales, así como otro Real decreto por el que se regulan las enseñanzas oficiales de doctorado. Con esta norma se permitirá a las universidades, a partir del curso 2015-2014, crear grados de tres años en lugar de los cuatro que actualmente tienen la mayoría de las carreras universitarias.

La medida establece una horquilla que va desde los 180 a los 240 créditos ECTS, por lo que los grados pueden tener una carga lectiva situada dentro de ese margen. Aún así, el decreto establece que, como mínimo, los grados deberán impartir todos los contenidos que forman parte de las competencias básicas definidas para cada uno de los itinerarios académicos. No obstante, la decisión no afectará a todas las disciplinas.

El Gobierno de España publicó el listado de títulos cuya duración las universidades no pueden reducir a tres años, pese al decreto sobre la ordenación de las titulaciones de grado, que fue conocido como "3+2". En este sentido, existen algunas titulaciones, como es el caso de Medicina, que no se ven afectadas por la medida. Es una decisión en la que se tomaron en consideración las peticiones de la Conferencia de Rectores de las Universidades Españolas (CRUE).

¿Responde la reducción del tiempo de algunos grados universitarios a intereses económicos más que académicos?

Es difícil contestar a esa pregunta de una manera general, pues se debe señalar que, obviamente, esta reducción del tiempo, al no haber ido acompañada de una óptima adecuación de lo que realmente se demanda conocer por parte de los demandantes, en muchos casos ha provocado que dicha formación haya experimentado un retroceso real en cuanto a la formación que se ofrecía anteriormente, cuando se invertía cinco años en vez de cuatro, como es actualmente.

¿Qué impacto puede tener sobre la economía y el mercado laboral que el "capital humano" abandone antes las facultades de las universidades?

A corto plazo, en el momento que se implantó ese cambio temporal, ocasionó que el ingente número de promociones se pudieran incorporar al mercado laboral un año antes. Esto, obviamente, provocó que esos nuevos graduados hicieran que existiera una inflación de búsquedas de empleo, al confluir la finalización de los estudios en los dos planes, el de cinco años y el de cuatro años. Una vez cerrada la brecha por este desacompasamiento, no tiene impacto alguno en la oferta y la demanda del mercado laboral, aunque lógicamente, al incorporarse teóricamente un año antes a trabajar, los trabajadores realmente están —es evidente— aportando un año más a lo que es en sí la economía, como consecuencia indefectible de ese potencial de mayor trabajo realizado en ese año adicional.

Las instituciones académicas cada vez buscan demostrar su capacidad de empleabilidad y éxito de sus alumnos. Una garantía que, además de mantener su reputación internacional, les permite contar con una distinción que se transformará en una plantilla conformada por los mejores aspirantes o, al menos, aquellos con más recursos financieros para sustentar su formación. De acuerdo al nuevo estudio de *Approved Index*, el 65% de las personas más adineradas del mundo han estudiado en la Universidad, y hay 10 universidades que han captado a la mayor parte de ellos.

El protagonista del listado es la Universidad de Pennsylvania, ya que ha sido el hogar académico de 25 millonarios, entre ellos Donald Trump, Warren Buffett, Tory Burch, Elon Musk y Steven Cohen. Muy de cerca le sigue la Universidad de Harvard, que **produjo 22 millonarios modernos como Bill Gates**, así como además notorios personajes de la política actual como Barack Obama y Felipe Calderón.

En el listado no puede faltar la Universidad de Yale. Con 20 graduados entre los más ricos de la lista Forbes, ha sido la casa de estudios de **Bill y Hillary Clinton y George Bush Sr.**, así como de actores como Claire Danes y Jennifer Conelly, y periodistas del calibre de Anderson Cooper.

El prestigio obtenido por estas universidades hacen que, por ejemplo en la Universidad del Sur de California se admitieran menos de 10.000 estudiantes, a pesar de que en 2013 el volumen de candidatos ya superaba las 51 800 personas. Otro dato interesante es que de los 570 millonarios oriundos de Estados Unidos, 14 estudiaron en la Universidad de Princeton. De acuerdo al estudio antes mencionado, los hombres más ricos que asistieron a esta institución **compilan una fortuna de 70.000 millones de dólares.**

Las previsiones en Estados Unidos apuntan a que, para 2020, el número de millonarios en el mundo excederá las 3800 personas. En este sentido, habrá que determinar lo siguiente:

¿Cuál es el "secreto" de estas universidades para contar con una alta tasa de millonarios entre sus exalumnos?

Cuando se habla de este asunto, siempre hay que tener en cuenta una matización que sin duda es importante. En la mayoría de las ocasiones, aunque existen algunas excepciones confirmatorias de la regla, esas personas que se pueden señalar siguiendo ese criterio, son personas cuyos sus padres o familiares ya poseían inicialmente parte de esa riqueza, y que por lo tanto se encontraban ya situadas bastante bien para poder conseguirla. Dicho esto, se debe expresar con claridad que habitualmente, por regla general, las universidades punteras de los Estados Unidos de América, como también de cualquier otro lugar, tienen dos factores determinantes que confluyen en todas ellas, y que resultan ser, evidentemente, las metodologías utilizadas para impartir sus enseñanzas en ellas. Además, no se puede soslayar que los programas formativos son realmente los que se necesitan para atender las necesidades existentes con el fin de poder desarrollar las labores necesarias de una manera vanguardista. Esto hace, indudablemente, que las personas que han podido estudiar ahí sean por lo general las personas mejor preparadas formativamente para poder desempeñar esos trabajos.

¿Es el modelo de las universidades mencionadas la única causa detrás de la generación de millonarios o también influyen las características propias de la economía de Estados Unidos?

Evidentemente, no solo es la formación que se pueda poseer. Yo he definido cuáles son los cuatro determinantes en los que se basa la excelencia en el trabajo, que son:

la capacidad mental, la formación, la experiencia vital en todos los ámbitos y la motivación existente. Todo ello da lugar a las habilidades y capacidades que pueda llegar a tener esa persona. También, lógicamente, tenemos que tener en cuenta los mercados de todo tipo a los que se puede tener acceso.

Las sociedades han demostrado su preocupación ante una nueva tendencia en la educación de los más pequeños: la eliminación progresiva de la educación financiera y empresarial de toda actividad curricular, limitándola a talleres optativos de finanzas personales. En este sentido, lejos de contar con una formación académica y estructurada, son los padres los principales educadores cuando se trata de enseñar a los niños las habilidades que necesitan para desarrollar una base sólida para la competencia financiera permanente.

Los expertos aseguran que la educación financiera puede comenzar a una edad temprana con conceptos simples como contar monedas y adquirir productos que a los niños les resulten interesantes. Los niños mayores pueden aprender sobre cuentas de ahorro o crear un presupuesto personal con objetivos claros y definidos. Aunque a algunos les pueda parecer una información demasiado técnica o "capitalista" para un niño, es una primera aproximación hacia el mundo financiero y sus herramientas, lo que ayudará a que las controle con acierto con el paso de los años.

Uno de los pocos países que no han renunciado a su formación financiera es los Estados Unidos, donde 17 estados integran ya la educación financiera en la enseñanza de las matemáticas. Estas clases se vuelven más eficaces cuando se integran con las finanzas personales, ya que hace que las matemáticas sean reales y provoca a su vez interés por el dinero en los niños.

Los objetivos alcanzados son introducir el hábito del ahorro, enseñarles el valor del trabajo, involucrarlos en un fondo para su educación y acercarles en las finanzas del hogar. "Tener una educación financiera ayuda a perderle el miedo al dinero con el cual estamos en contacto desde pequeños. Nos ayuda a planificar mejor nuestros ahorros, así como a valorar adecuadamente ofertas y servicios ofrecidas por bancos u otras organizaciones, y obtener mejores condiciones", señala India Jiménez de Cuevas, directora de *Finance Academy*, en una entrevista en *El Economista*.

¿Se está formando a las nuevas generaciones para que tengan más competencias y conocimientos, pero menor razonamiento crítico sobre el ámbito económico?

Personalmente, estoy absolutamente, convencido de que cuanta mayor formación e información en cualquier campo de nuestra vida podamos poseer, será mejor para poder tener un criterio correcto que nos ayude a poder discernir entre las múltiples opciones que se nos presentan en el día a día, y al menos teóricamente, hablando coloquialmente, no nos den gato por liebre. Sin duda, la falta de conocimiento hace imposible el correcto entendimiento de cualquier asunto, y así nunca podremos saber si algo es bueno o malo, es verdad o mentira, etc. y tendremos que estar siempre a lo que nos indiquen al respecto unos terceros, que puede darse el caso que no tengan los mismos intereses que nosotros, y por lo tanto no exista en ellos la característica de la imparcialidad.

¿La incorporación de los conocimientos financieros desde pequeños puede ser una de las causas del alto volumen de emprendedores y millonarios registrados en Estados Unidos?

Puede llegar a ser un factor desencadenante de eso, aunque creo que en los Estados Unidos de América siempre han existidos emprendedores, tal vez en mayor número que en otros lugares, precisamente, como consecuencia de la manera del propio nacimiento de ese país. Supongo que las grandísimas fortunas que siempre han existido allí, en aquellos años no eran un dechado de grandes especialistas en el campo que señala la pregunta, que es el de las finanzas. Además, se debe exponer que no existe ningún estudio serio que confirme con su análisis, que realmente esa sea la causa, de una manera que sea indudable.

El futuro de la educación ya se está escribiendo. Desde 2016, Finlandia ha incorporado a sus aulas el *phenomenon learning*. Es decir, un modelo de aprendizaje que unifican las diferentes asignaturas en una misma clase, lo que permitirá tener una visión mucho más global de los procesos.

"En la educación tradicional, los alumnos van a su aula y tienen clases de matemáticas, después de literatura y luego de ciencias [...]. Ahora, en lugar de adquirir conocimientos aislados sobre diferentes materias, el papel de los estudiantes es activo. Ellos participan en el proceso de planificación, son investigadores y también evalúan el proceso", explicó Marjo Kyllonen, gerente de educación de Helsinki, a la BBC.

Para contar con una educación del futuro, los docentes también tendrán que dar un paso más allá. En este sentido, los cambios en el sistema educativo en Finlandia también implican importantes cambios para los profesores, quienes ya no tendrán el control acostumbrado sobre sus cursos y deberán aprender a trabajar de forma colaborativa con sus alumnos y con otros docentes.

Los modelos provenientes de la economía jugarán un papel fundamental. Por ejemplo, el trabajo de los profesores dejará de basarse tanto en clases magistrales y será más parecido al trabajo de un mentor o de un *coach* que al de un catedrático. "No creo que los profesores puedan simplemente sentarse atrás y ver lo que pasa. Creo que su papel es aún más importante que en el sistema tradicional, así que tienen que tener mucho cuidado en la manera cómo aplican este método", matizó Kyllonen.

Aunque el nuevo modelo de Finlandia está rompiendo con los esquemas tradicionales, en otros países se ha mostrado una preocupación ante un aspecto en concreto: el riesgo de que se empeore la educación local al intentar, erradamente, internacionalizar e implementar el modelo nórdico. En este sentido, recuerdan que la formación debe tener una visión a futuro, pero también una relación con el modelo tradicional y con la propia cultura del país que la imparte.

¿El modelo de Finlandia es una forma de preparar un "capital humano" más enfocado hacia la economía colaborativa y la motivación empresarial?

Creo que se trata de un modelo en el que prima que la persona adquiera el conocimiento, no solo —como ocurría hasta ahora— a través de algo dado, pues es evidente que este paradigma trata de alcanzar el aprendizaje por medio de lo que cada persona pueda llegar a conseguir a través de la búsqueda del conocimiento de manera universal, ayudado por todos los medios tecnológicos que se tiene a disposición para su acceso. Por tanto, que pueda existir una cierta mayor necesidad de que exista colaboración, es algo que puede darse, pero que no es indudable que ello ocasione una manera que sea mejor en un sentido estrictamente económico. Esto lo que conlleva es únicamente a una persona más proactiva. Pero lo que es realmente la motivación, en este caso empresarial, obedece a otros factores en la práctica, que indudablemente lo pueden determinar con una mayor claridad.

¿Qué otros modelos educativos que se están implementando internacionalmente, tienen una influencia o características en común con el modelo económico?

Hay que señalar, indefectiblemente, que como se ha venido defendiendo a lo largo de las respuestas, de este libro, indudablemente la economía siempre ha sido lo que en realidad ha promovido las mayores decisiones de la historia. No solo por número, sino también por su importancia, y este hecho no se prevé que vaya a cambiar en el futuro. Por esa razón, se puede perfectamente sostener que es algo indiscutible que la economía va a encontrarse presente en todos los ámbitos de la vida, y por supuesto, ineludiblemente, también en el educativo. Por lo tanto, todos los modelos de educación tendrán una componente que los oriente hacia la economía.

Lecturas de interés

Joseph E. Stiglitz, *Estancamiento diseñado deliberadamente*, 2/03/2014. *El País*.

Paul R. Krugman, *Por qué la desigualdad es importante*, 22/12/2013. *El País*.

Paul R. Krugman, *La guerra contra la pobreza*, 12/01/2014. *El País*.

Paul R. Krugman *Una depresión permanente*, 24/11/2013. *El País*.

Paul R. Krugman, *No es una victoria de la austeridad*, 02/10/2013. *El País*.

Joseph E. Stiglitz, *La gran brecha*, Barcelona, Editorial Taurus, 2015.

Joseph E. Stiglitz, *El precio de la desigualdad*, Madrid, Santillana Ediciones Generales S.L., 2012.

John Kenneth Galbraith, *La pobreza de las masas*, Barcelona, Editorial Plaza & Janés, 1982.

John Kenneth Galbraith, *Naciones ricas, naciones pobres*, Barcelona, Editorial Ariel, 1986.

John Kenneth Galbraith, *La economía y el objetivo público*, Barcelona, Plaza & Janés, 1973.

John Kenneth Galbraith, *La cultura de la satisfacción*, Barcelona, Editorial Ariel, 2000.

John Kenneth Galbraith, *Desarrollo económico*, Barcelona, Editorial Ariel, 1972.

George J. Stigler, *El economista como predicador*, Barcelona, Ediciones Folio, 1987.

Paul A. Samuelson, *Economía desde el corazón*, Barcelona, Ediciones Folio, 1987.

Milton Friedman, *Libertad de elegir*, Barcelona, Ediciones Grijalbo, 1980.

Amando de Miguel, *El cambio que viene*, Barcelona, Editorial Estella Maris, 2015.

Josu Imanol Delgado y Ugarte y otros, *La transformación social, política y económica de nuestro mundo*, Editorial Zumaque, Jaén, 2018.

Josu Imanol Delgado y Ugarte, *¿Un mundo sin políticos? Con la democracia deliberativa es posible*, 06/03/2017. *El Economista.*

Josu Imanol Delgado y Ugarte, *El crash del 2007*, Editorial Sekotia, Madrid, 2016.

Josu Imanol Delgado y Ugarte, *Management estratégico actual*, Editorial Grupo Alcalá, Jaén, 2018.

Josu Imanol Delgado y Ugarte, José Luis Barceló Mezquita, *La economía actual*, Madrid, Editorial Sekotia, 2016.

Josu Imanol Delgado y Ugarte, *Economía fácil*, Editorial Tirant lo Blanch, Valencia, 2016.

Josu Imanol Delgado y Ugarte, *¿Es malo el proteccionismo económico?* El Mundo Financiero, 3/02/2017.

Josu Imanol Delgado y Ugarte, *La nueva sociedad hacia la que nos dirigimos*. 9/01/2017, *El Economista* (Edición Digital).

Josu Imanol Delgado y Ugarte, "*Pensiones, impuestos y maquinismo*. 5/01/2017.*El Economista* (Edición Digital).

Josu Imanol Delgado y Ugarte, *Qué produce el desarrollo económico de un país*. 3/10/2016. *El Economista* (Edición Digital).

Josu Imanol Delgado y Ugarte, *Al liberalismo económico*. 3/05/2016. *El Economista* (Edición Digital).

Josu Imanol Delgado y Ugarte, *El emprendimiento masivo es malo para la economía*. 24/03/2016. *El Economista* (Edición Digital).

Josu Imanol Delgado y Ugarte, *Desigualdad, PIB y empleo*. 8/08/2014. *Cinco Dias*.

Josu Imanol Delgado y Ugarte, *El desastre educativo en España*. 22/04/2013. *Cinco Días*.

Josu Imanol Delgado y Ugarte, *¿Las criptomonedas desestabilizarán el equilibrio del poder económico?*. 26/06/2017. *El Economista* (Edición Digital).

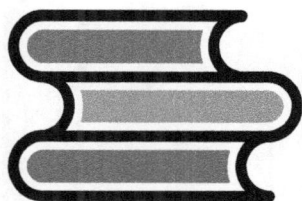

EDITATUM

Libros para crecer

www.editatum.com

www.ingramcontent.com/pod-product-compliance
Lightning Source LLC
Chambersburg PA
CBHW031943190326
41519CB00007B/641

* 9 7 8 8 4 1 8 1 2 1 0 4 3 *